D

Con toda honra y total exaltación, dedico este libro al Espíritu Santo, quien se encarga en cada momento de mi vida de corregirme, ensenarme, redargüirme y de instruirme, a fin de que aprenda a ser perfecta y que en todo sea preparada para toda buena obra. 2 Timoteo, 3:16-17

A mis hermanos y hermanas que son tantos, así como a mis tres hijos: Alex, Carol y Charyna, fuente eterna de inspiración en mi vida. A mis casi 7 nietos, que el amor hacia ellos se convierten en el timón que empuja mi vida.

Ernesto, Doris y Venecia, gracias por siempre estar a tiempo para mí cuando sentía que el mundo mismo me dejaba sola, son ustedes hermanos entrañables. Angelina, colega y hermana, con tus piscas pintorescas, siempre me has hecho reír, gracias. Lali, no puedo dejarlo fuera de esta obra por sus consejos de hermano y padre muchas veces. Fermina, entraste en la eternidad pero sigues viva en nuestros corazones, tú serías mi primera lectora feliz.

Pastora Norca, gracias por sus consejos de pastora y amiga. A tanta gente buena que Dios me ha puesto en el camino, a los amigos protagonistas en cada una de las cartas que sanan, gracias.

Gracias a ustedes, este libro ha sido posible. A esa persona que siempre está conmigo, conoce mis pocas virtudes y mis tantos defectos, gracias esposo mío por caminar conmigo en este diario despertar.

Gracias hermana Santos, amiga y hermana fiel, siempre me has dado consejos e inspiración. Gracias hermana Elsa, siempre me anima en mis momentos de necesidad. A todos mis sobrinos que me han regalado el encanto de disfrutar de sus hermosos hijos, y a ti Angelina por darme cuatro bellas sobrinas. A todos gracias, son ustedes, una vez más, la brújula que me movió a puerto de la escritura. *Cartas que Sanan* llega hoy a tu vida a sanar tu cuerpo, alma y espíritu en Cristo Jesús.

Agradecimientos

El poder de la unción del Espíritu Santo en nuestras vidas tiene el poder de motivarnos de tal forma que aún en aquello que un día nos lastimó profundamente, se transforma en un bálsamo de unción para nuestras vidas. Sólo el Trino Dios merece la gloria por Cartas que Sanan, Él permite el dolor y luego lo sana, Él cambia nuestro lamento en baile.

Hay dos personas que han estado conmigo muy de cerca mientras escribía este libro. Mi amado esposo, incansable en su paciencia de esperar a mi lado mientras yo escribía, siempre con críticas saludables, y un abrazo de motivación cuando el cansancio me vencía. A ti Venecia, sabia, inteligente y dispuesta a darle seguimiento a mis notas, para asegurarte de que todo marchaba a la perfección.

A Doris, consejera a larga distancia, inyectando siempre una nota de motivación y entusiasmo. Carol y Charyna, siempre me dieron palabras de aliento cuando más lo necesitaba. Sus mejores detalles fueron esas fotos de los niños que siempre me alegraron. A tanta gente hermosa que siempre procuraban este libro para hacerlo parte de sus colecciones; hermana Elsa, por estar a mi lado, junto con el hermano Elías, cuando más lo necesitaba y cuando el dolor me hería. Jeidy, gracias por cada mañana que preguntaste por el libro, no me quedó otra opción que terminarlo como lo había prometido. A la población para la cual trabajo, reciban mis agradecimientos y más grandes bendiciones. Finalmente, gracias a cada uno de ustedes que leen este libro, para quienes fue escrito, los cuales fueron mi mayor inspiración.

INDICE

Introducción

Quiero dejarte saber que no estás solo en el mundo. Dios conoce tus limitaciones e intenciones.

Son escasamente las primeras horas de la mañana, cuando me dispongo a proceder con el desarrollo de este libro el cual tengo la seguridad de saber que es una encomienda del Señor. Este tiene como propósito Identificarse contigo en todo aquello que sean tus limitaciones, intenciones y debilidades.

Hemos orado al Señor para que al leer Cartas que Sanan, pueda ser sanado tu corazón y recibir una nueva inspiración para continuar tu vida, pero esta vez con un corazón libre, sano, restaurado, sensible y sobre todo, transformado.

Es la voluntad del Señor que sobre toda cosa guardada, guardes tu corazón, porque en él, mana la vida. Como hijos de Dios que somos, tenemos que reconocer que tu corazón, es la morada del Señor. Esa es su mansión, su castillo, su pent-house, lo que sea que tú hayas preparado para Él. Ese es exactamente el propósito de esta obra, que tú puedas identificar una vez y por siempre, que debes guardar tu corazón, libre de toda contaminación. Lo santo y lo profano no pueden estar juntos.

También debemos estar claros, que donde mora Jesús, mora también El Padre y El Espíritu Santo. Es un gran honor que El Señor me esté permitiendo escribir sobre esto porque sé que su máxima intención es para glorificar al Trino y Perfecto Dios.

Es necesario que entiendas que a Dios se le ama con todo el cuerpo, alma y espíritu. El error del creyente ha sido pensar que sólo hay que cuidar la parte espiritual, no sabiendo que fuimos creados por Dios como seres tripartitos: Cuerpo, alma y espíritu. Dijo Jesús al escriba en Lucas 10:25-37 que amarle a Él, en esa dimensión es lo que le agrada, y para hacerlo más específico le habló de que el hombre sabio así le ama a Él, y luego le da un ejemplo de cuál es la diferencia entre ese hombre prudente y el necio y las consecuencias que acarrea para ambos.

Estamos viviendo el tiempo de cambio y transformación. Es necesario que el pueblo de Dios, tú y yo seamos revelados, entendidos de lo que quiere el Señor que hagamos para estar listos para ese gran encuentro con Él. Es tiempo de prepararse, no sabemos qué pasará la próxima hora. Así de sencillo es lo que nos espera, dice La Palabra que ni los ángeles sabrán el día y la hora, por lo tanto, no sabemos el tiempo ni sus sazones, no obstante, sí estamos siendo revelados y entendidos de esas señales de los últimos tiempos. Tan perfecto es lo que estamos viendo que si usamos la tecnología moderna tendremos a mano toda la información que se necesita para saber lo que está pasando en el mundo y cómo se relaciona en lo que dice La Biblia acerca del Fin.

Gracias a Dios por Cartas que Sanan y otros libros y material de gran interés, que hay en el mundo a tu disposición, para que puedas ponerte o alinearte al reino de los cielos. Seamos como el hombre prudente que, dice La Palabra, edificó su casa sobre la roca y vinieron tempestades, lluvias torrenciales y aquella casa quedó intacta, no se derrumbó. Esto es lo precioso de estar en los caminos del Señor, todo está asegurado, todo está completo, nada nos falta.

Capítulo 1: Sé que estás lastimado...

Te animo de manera especial en estos momentos, a que puedas alinearte al reino de los cielos; Buscar la armonía de lugar, asegurarte que estás en obediencia total al Señor y te garantizo que tu gozo será muy grande, y estarás listo para esa partida, la cual esperamos todos. Algunos porque de manera particular Dios los reclama y otros porque al sonar la trompeta, dice El Señor, los muertos en Cristo resucitarán primero, pero los que hayamos quedado, seremos transformados en un abrir y cerrar de ojos. Te insto a que practiques ahí donde estás, en este momento, cierra y abre tus ojos. Así mismo será cuando suene la trompeta, rápidamente seremos transformados y luego ya viviremos en el Señor por los siglos de los siglos.

Quiero recordarte que el Señor dice que Él viene a buscar una sola Iglesia en toda la faz de la tierra; Una Iglesia que sea pura, sin mancha, sin arrugas e irreprensible. Queda claro, mi amigo o amiga, que ahora lees Cartas que Sanan, que tenemos que prepararnos y mantenernos listos, sin desmayar, porque el enemigo nos pone trampas para que caigamos y el Señor nos encuentre desapercibidos, pero seamos como las cinco vírgenes prudentes, que en ningún momento descuidaron el esperar por su amado, no se dejaron convencer de aquellas que no se cuidaron ni aquilataron el precio de lo que esperaban. Así llegará el Señor, cuando nadie sepa que llegará, pero al que esté preparado eso no le preocupa, sólo se ocupa diariamente de revisar su vida espiritual y que todo esté en el orden de Dios.

Tenemos al Espíritu Santo que nos revela todas las cosas. Cartas que Sanan, ha sido revelado para que puedas ver y comprender a quien de alguna forma te lastimó, te hirió o te hizo algún daño, de tal forma que marcara tu vida. Quizás pasados los años, tú hayas intentado perdonar, pero el dolor sigue ahí, te trae momentos de angustia o quizás de rencor, ira, desaliento, soledad, hasta odio; así no podemos estar alineados al reino de los cielos. El Señor dice en su palabra que es necesario que tú perdones para que Él te pueda perdonar a ti. De la única forma que se hace real el perdón de Dios en mi vida, es cuando yo tomo la determinación de perdonar a los que me han hecho daño, no importa si no siento perdonar, no es algo emocional que yo deba sentir. El perdón, muchas veces, no se siente el deseo de practicarlo, pero sí hay que tomar la decisión de perdonar, debemos hacerlo por obedecer a Dios, y entonces sentiremos como comienza el proceso de sanidad interior en mi vida o en tu vida.

De acuerdo a investigaciones científicas hechas o datos estadísticos en los últimos años, hemos obtenido un dato importante. Se dice que del 85 al 95 por ciento de las enfermedades físicas, emocionales, neurológicas, psicológicas, todas tienen su origen en el rencor del pasado, la falta de perdón, la ira, rabia, enojo, odio o rechazo; eso ha generado que esas enfermedades no sólo lleven la persona que las padecen a la tumba, sino también, al infierno eterno.

Dice el Señor, que si no perdonamos al que nos hizo daño, Él tampoco nos perdona. Tan fuerte es este mandamiento de Dios que Él dice, cuando vayas a la iglesia y vayas a depositar los diezmos y ofrendas, revisa como estás con respecto al que te ofendió, si aún no has resuelto lo del perdón, devuélvete, no deposites los diezmos y ofrendas, reconcíliate con el que te ofendió. El Señor demanda que seas tú el que pidas perdón al que te ofendió, de esa forma Él sabe que el adversario tendrá la oportunidad de arrepentirse para que no se pierda. Nosotros llevamos las marcas de Cristo y es necesario que andemos como Él anduvo.

Cartas que Sanan será de gran ayuda para ti, podrás entender que si yo perdono, tú también puedes perdonar. Si Dios tuvo misericordia contigo, es para que tú la tengas con los demás. Es sólo cuestión de obedecer, cuando tú te dispones a obedecer al Señor, Él pondrá en ti el querer como el hacer por su santa voluntad. Lo más hermoso de todo es que podrás así, como Jesús, amar al enemigo. Podrás perdonar de forma sencilla y sentirás algo en tu interior tan profundo y hermoso, que vivirás experiencias sobrenaturales, las cuales te permitirá el Señor, para que experimentes el gozo o el fruto de la obediencia.

Ruego al Señor que al leer *Cartas que Sanan*, puedas experimentar en tu corazón una gloriosa experiencia. Dice la palabra de Dios en Romanos 12:2: "No os conforméis a este siglo, sino que seamos transformados, por medio de la renovación de vuestro entendimiento". Justamente de eso se trata. A medida que perdonemos y limpiemos nuestros corazones de rencores, rechazos, angustias, comienza una transformación de nuestro interior, y se renuevan esos ríos de agua viva que estaban estancados. Tan pronto ejercitas el perdón, automáticamente se genera en tu vida la sanidad interior.

Estoy convencida que al terminar de leer *Cartas que Sanan* ya tu corazón habrá sanado, y estarás viviendo una experiencia sublime, sobrenatural, que te hará gritar, llorar, cantar de gozo y perfecta alegría. Por eso escribo para ti.

Cuando el Señor me reveló el beneficio del perdón, supe que tenía que escribir para ti. No dudé en mi corazón que así como yo fui herida, lastimada y rechazada, consciente o inconscientemente, yo también lastimé a otros. De la misma forma como hemos sido heridos, tendemos a lastimar a otros, aún sea inconscientemente. Puede ser que proyectes en contra de otros tu herida inconsciente, o simplemente usamos cierta venganza de la cual no estamos conscientes, pero somos responsables por ello.

Las diferentes cartas que vamos a estar leyendo, están basadas en hechos de la vida real. Los nombres y términos serán cambiados con el fin de proteger la confidencialidad. Todos los testimonios que serán leídos, son experiencias vividas de la autora; Esta aclaración está siendo hecha para evitar que hayan malos entendidos o confusiones, debido al trabajo profesional y desempeño de quien los narra; pues los casos conocidos a través de mis consultas están totalmente protegidos y cuidados bajo la ética profesional que nos ocupa: en ningún momento serán revelados.

La palabra de Dios es viva y es eficaz y más cortante que toda espada de dos filos y desnuda toda verdad delante de Aquel a quien tenemos que dar cuentas...

Capítulo 2: Hablemos de mí...

Es necesario que haya esta aclaración para que los lectores tengan plena confianza en lo que leen y sepan, sin duda alguna, que todo lo escrito en este libro, viene siendo supervisado por el Espíritu Santo, quien tiene la encomienda de bendecirme o de desaprobar lo que digo si no lo hago en total obediencia y sometimiento. *Cartas que Sanan* tiene un propósito santo y divino, viene a tus manos para fortalecerte y motivarte a que generes cambios en tu vida.

Cambios que te llevarán a otros niveles espirituales donde podrás disfrutar a plenitud la hermosa experiencia de ser una hija o hijo del reino de Dios. Podrás decir como decía Pablo, el peso de gloria en mí, no lo puedo aguantar, de tan glorioso, hermoso y maravilloso que es identificarse con el gozo divino. Es como saborear el reino de los cielos aquí en la tierra. Créeme, amiga, amigo que lees en este momento, así son las cosas de Dios, no se quedan en lo intangible, sino que podemos tocarlo, verlo, experimentarlo, pero hay que estar alineado al reino de los cielos.

Esta experiencia no es sólo para mí, lo es también para ti, si buscas primeramente el reino de

Dios y su justicia, todas las demás cosas vendrán por añadidura. Por eso deberás continuar conociendo acerca de estar alineado al Reino de Dios. *Cartas que Sanan* cuando logre en ti su objetivo, lo primero que sentirás es que estás conectada, en línea directa con el Reino de Dios.

Permíteme llevarte a otro nivel en este momento. El Señor dice que nos ha hecho participantes de su naturaleza divina.......dice también que nos ha impartido o dado su misma gloria. No son cosas sencillas de asimilar, si no entiendes Su Palabra, pero si deseas entenderla, ahí comienza tu experiencia, el Señor te dará entendimiento, sabiduría y revelación, con los que podrás penetrar a otros niveles espirituales que tú no habías entendido. Lo que antes no entendías, ahora te será revelado. Cuando el Señor dice en Génesis que nos hizo a su imagen y semejanza, nos muestra que tenemos de su ADN, que no somos cualquier cosa, sino seres creados semejantes a Él, por lo tanto, Dios desea que tú te apropies de esas promesas, para que puedas disfrutar el gran privilegio de ser una hija o hijo, de Dios.

Deuteronomio 30:19 dice:" A los cielos y a la tierra llamo como testigos contra vosotros hoy, que he puesto la vida, la muerte, la bendición y la maldición, escoges, pues, la vida para ti y los tuyos para siempre". Ya es tiempo de que se abran tus ojos espirituales y entres en armonía total con el reino de Dios. Son preciosísimas y grandísimas promesas que Dios nos ha dado para que por ellas logremos alcanzar ese propósito santo y perfecto que nos ha dado, los cuales antes no entendíamos. Ahora, recibe el empuje, la fuerza espiritual de la musa de Dios y ponte en la disposición de recibir todo, todo lo que Dios, desde el principio de la creación había separado para ti. Por eso, amigo lector, levántate en el espíritu, da un paso de fe, decide entender el plan de Dios para tu vida, y aprópiate de la promesa que dice:" Buscad primeramente el reino de Dios y su justicia y todas las demás cosas vendrán por añadidura".

Las cartas que estarás leyendo a continuación, son las respuestas dadas a personas que de una forma u otra, por alguna razón en particular, hirieron mi vida, atacaron mi vida, lastimaron mi vida, calumniaron, murmuraron, mintieron o simplemente rechazaron mi persona y por impulsos humanos, que para nada aprovechan, fueron víctimas del enemigo para lastimar, pero Dios en su infinita misericordia, que es justo, que conoce nuestra naturaleza humana, que sabe que somos débiles, que incurrimos en tales debilidades, transforma lo peor en lo mejor. De algo ordinario hace algo extraordinario, porque a los que amamos al Señor todas las cosas nos ayudan a bien. Si Dios tuvo misericordia conmigo, si me sacó de un mundo de maldad y me ha establecido en su reino de luz, yo tengo entonces que hacer lo que Él me pide que haga en Romanos 8:28: Y *sabemos que a los que aman a Dios, todas las cosas les ayudan a bien, esto es, a los que conforme a su propósito son llamados.*

Mateo 5 nos insta a amar a los que nos odian, bendecir a los que nos maldicen y hacer bien a los que nos hacen mal. Eso sólo es posible con la guianza, instrucción, fuerza e iluminación del Espíritu Santo.

Capítulo 3: Cartas que cambiarán tu vida…

Carta 1

Amada Rosalba:

No serán muchas las palabras que usaré para escribir esta carta para ti. Sé de todo corazón, que eres un ser humano extraordinario, que has dado tantas cosas buenas de ti para los demás, por lo que no entendí aquel día, tan triste que fuertemente me rechazaste cuando te hablé del Señor, en un momento de duras pruebas para ti. Fue tan sorprendente el rechazo que con palabras me diste, cuando me dijiste:" Me tienes cansada de hablarme del Señor. Ya me tiene molesta la relación contigo y no quiero escuchar más sobre ese tema". No podrás imaginar el dolor que me causó, creo que por años. ¿Sabes por qué? Porque tú eres, has sido y seguirás siendo especial para mí. No lo entendí al principio, pero Dios me fue mostrando y enseñando acerca de la importancia del perdón.

Me alejé de ti por varios años, y me dolía fuertemente, porque ¿sabes qué? eres una amiga entrañable y de gran corazón. Lo que pasó en ese momento fue que el enemigo lo usó para destruir la relación de amistad que había entre nosotras (pues ese es su trabajo), no supe más de ti por mucho tiempo, pero sigues siendo esa mujer entrañable, que Dios siempre ha amado de manera especial; Ojalá esta misiva llegara a tus manos para decirte : " Perdóname tú a mí, me alejé de ti porque no entendía lo que dice El Señor, y en vez de ayudarme, yo misma me lastimaba más y me dolía haberte perdido, pero luego entendí, que la solución era perdonarte al instante, darte tu espacio para que procesaras las cosas y yo seguir deseando lo mejor para ti.

Siempre ha sido así, pero hoy quiero decirte, que el Señor está aún al alcance tuyo, no sólo para darte lo que tu corazón desea, sino, para hacerte plenamente feliz y que hoy podamos predicar que Él vive por siempre, y está dispuesto a transformar nuestros errores en bendiciones.

Créeme, que el amor entre amigas sigue siendo igual, pero esta vez con la madurez de una hija de Dios, que no se aleja, sino que, se acerca con la prudencia de lo alto, para cambiar todo lo que está mal y transformarlo en cosas buenas. Que Dios te bendiga siempre, nunca olvido tus favores y tu cariño, ni tus oraciones para que yo encontrara el compañero de mi vida, porque siempre quisiste verme feliz. ¿Ves? Tienes tantas cosas hermosas….

Carta 2

Amada Idalba:

Gracias por ser una amiga entrañable de tantos años. Siempre juntas en las buenas y en las malas. Eres una de esas amigas que siempre están ahí para los demás. Eres una persona que hacer el bien siempre te ha movido. Parece increíble que después de tantos años de luchas juntas, de ayuda mutua, de hermanas, quizás desde siempre. Recuerdo que tanto mi esposo como mi familia te veían como un miembro más de la familia, y ¡eso fue tan hermoso!

Tuve el gran privilegio de enseñarte del Señor, tú tan sabia y entendida no perdiste tiempo en querer recibir de su enseñanza y entregaste tu corazón a Él genuinamente. Pasaron los años, experiencias muy duras para ti y para mí, siempre caminando juntas como siervas, buscando en todo tiempo agradar al Señor, deseando lo mejor para cada uno de los nuestros, pero al cabo de alguno años mientras yo hacía algo de los afanes de rutina del hogar, me dijiste:" Nunca te lo había dicho pero quiero que sepas que no te soporto, y tengo envidia de quién tú eres".

Recuerdo que te respondí:" felicitaciones amiga, hoy te elevas más cerca del Señor, porque has sido honesta, genuina, directa, sincera, y has abierto tu corazón." También agregué:" Hoy

22

comienza en tu vida esa sanidad interior que necesitas para que seas libre de esos sentimientos mezquinos, que no edifican y no vienen de Dios" añadí: " Gracias por dejármelo saber y mi amistad contigo no tiene que terminar, pero sí se hace más genuina". De alguna forma hubo cierto distanciamiento, pero nunca, nunca he dejado de amarte como mi amiga y hermana.

Por supuesto que de ti esperaba, y he aguardado a que el Señor trabajara esa área de tu vida y hoy eres libre. Qué bueno que hayan personas honestas como tú, capaces de sacar de su corazón aquello que no edifica, que no hace bien.

Sé que siempre tu cariño ha estado ahí para nosotros, pero entiendo también, que hemos caminado por diferentes partes aquí en la tierra. Tengo la plena confianza y seguridad que si te necesito estarías ahí, como lo has estado siempre. Esos son parte de los dones que el Señor te dio. Siempre he admirado en ti esa valentía y entusiasmo de ayudar a los demás, sin interés, sólo uno: El de hacer el bien.

Amiga donde quiera que estés y leas esta carta, recordarás ese tema, el cual nunca más hablamos, sé que estarás a otro nivel, y que tus dones siguen siendo multiplicados. Gracias por tu fidelidad como amiga, y por soportarme a mí .Sobre todo gracias por ese ejemplo de valentía, de exteriorizar lo que se siente. Yo desde el instante te perdoné, ahora perdóname tú a mí porque sé que muchas veces yo también te ofendí. Sólo una diferencia, que quizás no manifesté honestamente como me sentía tal como lo hiciste tú hacia mí.

Espero que donde quiera que estés, tus bendiciones sean múltiples y gracias por ser una amiga sin igual. Te llevaste el trofeo aquel día en medio del dolor cuando perdía a mi hermana, tu mano de amiga no se apartó. Ahí pude ver la medida de Dios en tu vida, es cuestión de frutos y no sólo de palabras. Así es, amiga y hermana: no sólo yo admiré y apoyé tu cariño, sino que también los míos. Siempre te estaremos agradecidos.

Carta 3

Amada Elena:

Después de tantos años que han pasado, espero llegue hasta ti esta misiva, la cual sé que no esperas, que tal vez ni la asocies a nuestra relación de hermanas y amigas. Desde el momento que te conocí, supe que se escondía en ti un ser humano grande. Supe que llevabas dolor en tu interior y por eso no quise soltarte, sino que me aferré al Señor quien había cambiado mi vida antes de conocerte y quise hacerte partícipe de ese nuevo cambio, de esa gloriosa esperanza y quería de corazón que tú lo recibieras.

La amistad comenzó poco a poco y de igual manera te iba enseñando de Él. Se abrieron puertas donde fuiste expuesta a conocerle, le entregaste a Él tu corazón y verte sirviendo al Señor con esa firmeza y dedicación me hizo apreciarte más y entregarme incondicionalmente como amiga. Recuerdo que sufriste una experiencia muy dolorosa en tu relación de pareja, que llorabas continuamente, pero esta vez el Señor no sólo recogía tus lágrimas, sino que también Él lloraba contigo.

Recuerdo además, cuando un buen día compartíamos como amigas, creo que un café, si mal no recuerdo, y con mucha franqueza me dijiste:" No soporto tu personalidad, pero te acepto porque sé que Dios mora en tu corazón y no puedo hacer otra cosa". Wow!!! Fue muy doloroso y lastimador oír esas expresiones de alguien que uno ama tanto en el Señor.

Siempre he creído que sólo Jesucristo puede generar en nosotros una amistad verdaderamente entrañable, es como si fuésemos familia. Esto me hace recordar el mundo de maldad que vivimos hoy. Pues hablamos de amistades sinceras llenas del amor del Señor y hoy día hay que saber cómo se dicen las cosas. El diablo ha traído más y más pecado al mundo y se confunden todas las cosas, es decir el pecado. Debo aclarar que cuando hablamos del amor, los hijos de Dios, nos referimos a amor entrañable, puro, perfecto, más grande que el amor filial. Dios ha impartido su amor en nosotros y así es como nos expresamos y sentimos.

Después de oír esa expresión me trasladé a la palabra que dice en 1 Corintios 13, que el amor no busca lo suyo, que el amor de Dios es perfecto. Yo supe que tus palabras no venían de Dios y que El Señor que me usaba para impartirte su palabra, no iba a permitir que el rechazo hacia ti llegara. Por el contrario comencé a orar continuamente y a esperar que Dios transformara tu vida y así pasó. Valía la pena pagar el precio. Te has convertido en una mujer de guerra, triunfadora, luchadora y que te has dedicado a que otros también reciban lo que Dios hermosamente ha depositado en ti. Nunca olvidé el episodio, no por odio o rencor, sino para que en este momento pudiera ser útil, y de contenido para Cartas que Sanan, pues el Señor tenía reservado para mí esta entrega, que por medio de ella, no solo te redificarán a ti, sino que ayudará a otros a superar experiencias similares, y que nos eleven más a la estatura del varón perfecto.

Gracias amiga y hermana. Hoy te digo como le dijo El Señor a Martha: " Lo que está ocurriendo no es para muerte, sino para vida". Hoy hablo para edificar, no para destruir. Te deseo lo mejor para ti y los tuyos.

Carta 4

Amada Rosa:

Han pasado décadas en nuestras vidas y quizás nunca enfrentamos este tema. Antes de referirme al incidente o incidentes debo reconocer que eres una hermosa vasija de Dios. Yo me honro en gran manera por la forma como amas a Dios, como lo honras y por tu gran fidelidad hacia Él. Hemos compartido varias experiencias y sé que has sufrido por mí, por ensenarme a caminar en los caminos del Señor con tanta inmadurez muchas veces, y sobre todo por haber sido tan firme y fiel como siempre lo has sido. Se notaba una marcada diferencia, y era que yo por encima de mis fallas, siempre anhelé servirle a Él.

Con toda fidelidad y certeza y debo reconocer que te usaba a ti de modelo cuando se trataba de decir algo referente a la fidelidad. Siempre traté de estar ahí para ti y los tuyos y esto Dios lo sabe, que así fue. No importaba cual fuera tu necesidad Dios suplía y yo podía decir presente ante ti y los tuyos. Ahora, y sólo ahora entiendo después de haber incursionado en los caminos de mi carrera profesional, porqué el ser humano hace lo que hace. Gracias a Dios y creo que tú fuiste un impulso para mi formación académica, pues quería entender el porqué de tu actitud.

Fui confrontada dura y seriamente y aún pusiste testigos en medio nuestro. Tres cosas tengo que decirte y lo haré en el Espíritu Santo quien me dirige: La primera es que cuando yo oí esa expresión me sorprendí en gran manera. Una segunda se refiere a que yo cuestionara tu moralidad, por último que dudaba de cómo te sostenías, acusándote de cometer ciertas prácticas, entre otras cosas. Te interrumpí y te dije: tú me acusas de tres cosas y yo añado una cuarta. Las tres que dices son totalmente inciertas, nunca, nunca ninguna de ellas salieron de mi corazón, ni de mi mente, pues aún no las he pensado. Hay una cuarta que añado yo, y es que si de algo te acuso es exactamente de haber pasado tus conjeturas a otros, las cuales nunca han tenido validez.

Después de tantos estudios pude saber que muchas veces el individuo puede imaginarse una cosa y darla por un hecho. No quiero usar términos profesionales en este libro, ya que se trata de cosas personales y esto podría ofender. ¿Sabes qué? Mi admiración por ti ahora es más grande que antes, no puedo negarte que sufrí por largo tiempo. No entendía por qué si alguien me enseñaba cosas tan hermosas como tú, ahora pudiera decir y afirmar cosas que nunca, nunca fueron ciertas, Dios es mi testigo.

Una vez más hermana mía, yo he fallado más al Señor que tú. No tengo otras palabras para ti que decirte: " Eres un vaso de honra, el enemigo puso en tus emociones cosas tóxicas que nunca han existido, pero el Dios de paz a quien servimos, aquel que tiene siempre lo mejor para nosotros, aquel que hoy sigue impartiendo en mi vida cosas hermosas, nos permita disfrutar misivas como estas y aun reírnos de ellas. Lo que el enemigo trajo para dañarnos, alejarnos, Dios hoy lo transforma en cosas bellas para ti, para mí y los nuestros. Dios te bendiga donde quiera que estés, siempre recuerdo las enseñanzas hermosas que compartiste conmigo, y aquel gran día, celebraremos y gozaremos en los cielos y no recordaremos esos momentos tristes, propios de un mundo caído. Dios siga haciendo resplandecer su rostro sobre ti.

Carta 5

Amado Leonardo:

Estoy cambiando tu nombre (como ya lo expliqué antes), pero sé que te reirás quizás al leer esta carta o quizás no lo puedas asociar como una experiencia personal. La intención de estas cartas no es que yo quiera jugar el papel de víctima, eso nunca. Cuando yo señalo algo de ti, hermano mío, que me ha lastimado, estoy segura de que habrán otras tantas que yo he hecho a los demás, por lo que también necesito de su perdón y de su comprensión, por lo que ocurrió. Ese gesto de amor, como lo es el perdón, algún día, quizás hoy, nos sane a cada uno de nosotros. De esa forma Dios es glorificado y nosotros hemos aprendido.

Recuerdo nuestra amistad, profunda, que nos elevaba al cielo cada vez que hablábamos del Señor. Yo siempre supe que eres un gran amigo y hermano. También sé que Dios te ha dado muchos dones y talentos. Puedo reconocer que cuando quizás nadie creía en mí, en mi fe, en mi búsqueda delante de Dios, tú sí creíste, tú sí me guiaste y me elevaste a otros niveles espirituales, niveles que siempre anhelé, los cuales creía imposible de lograr.

Tú, y sólo tú, amigo, creíste en esos tiempos, en esta nueva sierva del Señor; comprometiste tus palabras por mí para que diera un paso al frente y empezara a dar de lo que Dios había depositado en mí. No muchos lo creían, porque hice cosas en la vida de mucha inmadurez, pero tu lealtad de hijo de Dios, te permitió ver en mí, lo que desde siempre había visto Jesús. Gracias amigo por ser tan especial. Una cosa te reclamo, no lo entendías, ahora debes saberlo, Cuando te alejaste de mí y los míos, sin ninguna explicación, (sin yo haber hecho nada malo, al contrario), yo quise hacer lo mismo por ti. Quise acercarte a alguien tan especial que sabía que, cambiaría el rumbo de tu vida. Una persona que sé que llenaría el vacío de tu vida y que ambos podrían tocar los cielos desde la tierra. Fue maravilloso porque así pasó, pero no imaginaba lo que traía como resultado. Te alejaste de mí y de los míos sin ninguna explicación. Rompiste por completo la amistad y aún más, trataste también de impedir que esa relación con tu compañera se acabara conmigo.

Gracias a Dios, Él es fiel y no lo permitió, porque entiendo que eres de una manera que no podrías compartir tu vida de pareja con otros. Mientras estabas solo, fue posible el relacionarte con nosotros, ahora tu opción rotunda es que no lo haces. Eso también tiene su explicación, pero no vengo a psicoanalizarte a través de esta carta, sino, a hablar de que, por encima de todas las cosas, tienes un sitial en mi vida que siempre estará ahí. ¿Por qué? Porque creíste en mí como sierva de Dios, cuando quizás, otros no creían.

Eres un gran hermano, te bendigo en el nombre del Señor, ojalá puedas superar esa barrera que nos separa, tengo entendido que no es sólo conmigo. Pero me encantaría recuperar al amigo y hermano, pues nadie le podrá quitar ese espacio en mi corazón. Sólo alguien que tiene a Dios en su corazón, podía ver lo que Dios había puesto en el mío para ayudar a tantos.

Carta 6

Amada Tomasina:

Qué tristeza tan grande que al escribir esta misiva ya tú no estés ahí. Quisiera decirte desde este planeta tierra, que tú fuiste mi máxima inspiración para escribir este libro e iré explicando los detalles. Siempre te admiré por lo dedicada que fuiste a tu familia. Tenías un cuidado especial para los tuyos; cuando ibas a cocinar, recuerdo que tomabas muy en cuenta que la dieta fuera del todo balanceada. La ropa de los tuyos siempre a la perfección y cuidabas también el sueño de todos. Fue tan triste verte partir de este mundo sin que pudieras ver a los tuyos realizarse como personas, como profesionales, o en fin, que cada uno viera realizado su sueño. Lo siento de verdad, sufrí tu partida y aún seguimos sufriendo tu ausencia.

Recuerdo aquel día que me acerqué a ti para saludarte y de una forma inconfundible recibí tu rechazo rotundo. Tomé el tiempo de meditar y luego te llamé para ver por qué me trataste así y recuerdo tu respuesta: " Tú te avergüenzas de mí, y me trata mal a mí y a los míos". Yo no supe qué responder, traté de mil formas de saber cómo y cuándo había sucedido algo que sustentara lo que me decías, pero simplemente eso nunca pasó, sólo en tu imaginación, la cual altera tus emociones neuróticas y te hace ver la realidad alterada y simplemente lo dabas como un hecho.

Gracias a Dios y a la ciencia, entonces y sólo entonces, pude saber y entender la causa por la cual esos episodios se venían dando, en tanto yo me confundía y no entendía. Cuando pude saberlo ya era tarde para acercarme a ti, pero el amor de Dios en cada situación que me ofendías me hacía darte la otra mejilla, te perdonaba y gracias a Dios, el día que te fuiste no tenía ningún resentimiento, sólo dolor por lo que te pasó, lo cual todavía nos lastima.

Gracias por ser una mujer que aún con tu descontrol emocional, luchaste como una campeona para darle lo mejor a los tuyos y ellos te tienen en un sitial muy especial. Recuerdo que siempre pude vencer con el bien el mal. Reconozco que Dios solamente pudo hacerlo, pues así como el origen era basado en algo disfuncional en tus emociones, de igual manera era el sabor que todo eso dejaba en mí. Pude estar a tu lado todo el tiempo que fue necesario y siempre supe que no hay muchas mujeres buenas, inteligentes, valientes y honradas como lo fuiste tú. Aún te admiro y siempre será así. Siempre me recordaste a la mujer virtuosa de Proverbios 31.

Sé que estás al lado del Todopoderoso, que algún día nos juntaremos y allá y las cosas serán muy diferentes. Gracias al Señor y luego a ti por permitirme presentarte el plan de salvación. Creo que esa fue la base para siempre poder responder de manera cristiana ante cualquier actitud de las tuyas; Mi deber es y ha sido siempre: vencer con el bien el mal. Te amaremos siempre.

Carta 7

Amada Marina:

Han pasado tantos años, sin embargo sigo recordando nuestra amistad y afectos. Aquí mucho más que una amistad existen ciertos nexos muy particulares y eso hace de esta carta algo muy especial. Muchos años atrás siendo yo bien inmadura y un poco irresponsable, compartiendo el mismo techo, compartiendo afectos y compartiendo con algunos familiares, tuve contigo un pequeño percance que me marcó para toda la vida.

Salía a tomar café con mis amistades cuando de pronto me reclamaste que quién me creía ser. Que aunque mis hijas eran muy amadas por los demás eran sólo responsabilidad mía. Me retaste a no irme con mis amigas y a quedarme cuidando de mis niñas. Algo más fuerte me dijiste:" No somos tus sirvientas". Gracias, gracias, gracias por esas palabras, siempre he hablado de ese episodio.

Mi vida comenzó a cambiar de forma rotunda desde ese mismo día. Me propuse independizarme, tomar mis responsabilidades por mí misma y no seguir al lado de aquellos que aunque tanto me amaban no tenían por qué pagar mis cargas. Creo que ese mismo día tomé la determinación de cambiar de país, y créeme no me arrepiento para nada. Debo confesarte que el dolor que sentí fue tan grande, que lloré por varios días, pero tus palabras de confrontación me hicieron reaccionar con relación a mi vida.

Siempre te he considerado como una gran amiga. No cualquier amiga, de esas entrañables que deja marcas hermosas en los seres humanos. "Yo me quito el sombrero". Eres leal, madura, sincera, generosa, siempre me has dado lo mejor, aún esas palabras que me hirieron tanto, han hecho de mí la persona que soy. Te felicito, tu lealtad y fidelidad han dejado una huella muy especial en mi vida.

Todos los que te queremos estamos contentos y orgullosos de ti. Nunca me pediste perdón pues nunca supiste hasta donde me habías lastimado. Yo te perdoné hace muchos años y hablo mucho de ti, de tus virtudes, talentos y cualidades, y ¿sabes qué? Todos han estado de acuerdo conmigo. Eres una mujer muy especial, Dios te bendiga y te mantenga cerca de nosotros por muchos años.

Otro detallito: nunca olvidaré cuando compartimos en la Universidad la misma carrera. Trataba de imitarte en todo y aún de copiarme de tus notas. Siempre he admirado tu inteligencia. Eres una mujer única, de tal forma que la familia te considera la consejera familiar. Siempre llena de consejos sabios, han pasado los años y aún sigo aprendiendo de ti y tomando ventaja de tu capacidad intelectual y espiritual. Otra vez, eres una mujer única.

Carta 8

Al que destruyó mi vida:

Han ocurrido muchos años y también te has ausentado de la tierra por casi dos décadas. Esta carta encierra muchos episodios de diferentes clases. Podríamos hablar de violencia doméstica, emocional, verbal, financiera, física, en fin, violencia y daños en todos los aspectos.

Cuando escribía mi tesis de grado para obtener uno de mis doctorados, escogí un tema muy particular con el propósito de poder entender el porqué de los daños recibidos, y por qué hacen tanto daño las personas que lo practican. Me permitió incurrir en el estudio de la conducta humana, y fue terapéutico y funcional para mi vida.

Creo que toda la información que recibí me dio la oportunidad de auto ayudarme. Necesitaba una respuesta de por qué los seres humanos pueden tan fácilmente lastimar a otros sin tener el mínimo temor. De ahí surgió el tema de mi tesis: TODA PERSONA QUE HA SIDO ABUSADA SE CONVIERTE EN ABUSIVA, CONSCIENTE O INCONSCIENTEMENTE. Ahí comenzó mi sanidad interior, cuando descubrí que los tantos abusos vividos te llevaron a proyectar en los demás el dolor que trajiste internamente, entendí que en vez de amar y sanar, lastimabas y odiabas. Muchas veces deseé no estar a tu lado y no compartir contigo mi vida. Pero, no, no fue así. Fue una tortura, un suplicio, un infierno y una muerte continua sentirse cerca de una persona con esas condiciones.

Dios me permitió saber después de yo conocerle y servirle, que no estabas consciente del daño que hacías porque internamente aún a ti mismo te odiabas. Sentía pena, quería huir y no podía, morirme fue mi deseo muchas veces, pero sin estar suicida. Creo que la muerte hubiese sido la mejor salida, más no era mi tiempo, tendría que esperar.

Pasaron años y años y el problema se empeoraba, el hecho de tú acudir a las bebidas, como mecanismo de defensa, se convirtió en un riesgo muy grande para mí. Fue terrible, doloroso, traumático, desafiante, horroroso y no tenía escapatoria, cada vez que intenté huir, era atrapada por ti y a la fuerza tenía que quedarme. Nunca encontré quién me defendiera, pues todos te temían por tu opulencia, tus amenazas de hacer daño, sin que tú sufrieras ninguna consecuencia.

Tu status, tu carrera y tu experiencia de la vida, te permitían maltratar al más débil, al que no podía defenderse. Basta de hablar del pasado, yo todo lo perdoné. Antes de irte de este mundo, oraba sin cesar a Dios por tu salvación, no porque te amara, simplemente venciendo con el bien, el mal. Esa fue tu ventaja, que yo siempre he vencido con el bien, no porque me considero buena, simplemente porque el Señor mora en mi corazón; es a Él a quien tengo que obedecer.

Nunca te deseé ni mal ni venganza, sólo que pudieras arrepentirte para que experimentaras el amor de Dios y no lo contrario. Todo ocurrió cuando muy lejos de mí, después de mucho tiempo de distancia, dado un fuerte dolor en tu estómago tuviste que ir al hospital. Nunca te oí quejarte de dolor, ni medicarte ante ninguna circunstancia, pero ese día en el hospital, te intervinieron y allí terminó todo. No volviste a salir de aquel lugar y días más tarde te habías ido de este mundo.

Siempre te perdoné; Intercedí por la salvación de tu vida, siempre te deseé lo mejor y hoy de lo único que me quejo es de no haber salido de esa relación más temprano, pues no había en ese tiempo la ayuda que hay ahora y porque no encontré a alguien que me arrebatara de tu lado.

Gracias a Dios, pasó cuando tenía que pasar, pero en mi corazón nunca albergué odio ni rencor, aunque sí confusión y dolor. Gracias doy al Señor porque hace tiempo me sanó, me curó, me levantó y su retribución, que es la de poder ayudar a alguien que lee esta carta en este momento y quien lo necesita por estar viviendo momentos de dificultad, igual que yo los viví en aquel tiempo, al lado tuyo.

Si esta carta se asocia con algo de tu vida, ya no tienes que sufrir, hoy gracias a Dios, a los medios, recursos, autoayuda, internet, amistades y aún los mensajes de texto, pueden ayudar al que lo necesite. Espero que el perdón de Dios haya llegado a tu vida a tiempo, sé que nadie hace daño por querer dañar o lastimar, sino porque proyectamos lo que nos han hecho y no nos sabemos liberar. Ruego al Señor para que hayas alcanzado el cielo, para que allá puedas ser feliz.

Capítulo 4: Visitando el lugar secreto...

Carta 9

En este momento se inicia una misiva quizás con un tono diferente. Cuando digo un tono diferente es debido a la connotación de su contenido. Cartas que Sanan va directamente a toda persona que me ha herido, lastimado, rechazado y por ende, Cartas que Sanan envía un mensaje de sanidad. El propósito no es para que me crean buena o simplemente sentirme la víctima como ya lo he mencionado anteriormente, sino aplicando lo que dice el Señor, si queremos tener aprobación en todo lo que hacemos, tenemos que vivir por La Palabra. Todos hemos entendido que el creyente en todo tiempo tiene que dar lo mejor de sí, no sólo a los que nos aman y aceptan, sino también, a todos aquellos que de una forma u otra nos han fallado.

Quisiera referirme de manera particular a otros individuos que han incurrido en lo mismo. A estas personas se les aplica exactamente la misma medicina, la del amor y del perdón. Gracias a Dios que sabemos por su palabra que nadie está exento de pecado en el mundo. Todos, venimos de ese mundo caído donde tuvimos que entrar por la única vía que tenemos para poder entrar en el reino de los cielos. Jesús, es el único camino, verdad y vida a través del cual podemos entrar y heredar el reino de los cielos. De ahí la importancia de *Cartas que Sanan*. Si yo no perdono a todas esas vidas que me han ofendido, en vano me podría llamar cristiana. Debo también reconocer que yo a otros he ofendido y que ellos han tenido que hacer exactamente lo mismo para poder entrar y ser parte de los hijos del reino.

Por las tantas lágrimas que he llorado, tanto silencio sin respuestas, tantas horas de desvelos, tratando de entender el porqué de tantas injusticias, tantas acusaciones sin fundamento, tanto dolor que se pudo haber evitado, y sobretodo, tanta comunicación que en vez de ser efectiva ,fue tantas veces enfermiza, tóxica y disfuncional, doy gracias al Espíritu Santo, quien me dirige en este viaje por las emociones de *Cartas que Sanan*, eso te garantiza, amigo lector, que no es mi intención querer defenderme o justificarme porque a Dios y sólo a Él tendré que darle cuentas. Trata de tomar desde un principio este libro como un ejemplo de cosas que sé que también te han sucedido y trata de ver cómo ha sido tu respuesta emocional y espiritual ante tal situación.

La Palabra nos enseña en Proverbios 23:7 "*Que el hombre es lo que piensa de sí*". Si has sido lastimado, calumniado, herido, acusado falsamente, murmurado, o simplemente rechazado y no has tratado esos asuntos desde el punto de vista de la palabra de Dios y tus emociones, puede que tengas una mezcla de pensamientos saludables y tóxicos y eso no te da una identidad perfecta como Dios quiere que la tengas.

Si el hombre es lo que piensa de sí, tienes que tratar con tu interior, recibir tu sanidad interior y aplicar lo que dice 2 Timoteo 3:16-17. "Toda la escritura es útil para enseñar, corregir, exhortar o redargüir, e instruir en justicia a fin de que el hombre de Dios sea perfecto, enteramente preparado para toda buena obra". Entonces, tienes un reto departe de Dios de perfeccionar tu vida por la palabra, hasta que lleguemos a ser perfectos y preparados para toda buena obra. Esto incluye perdonar a los que nos han tratado de destruir, o hacer cualquier tipo de daño. Hay una máxima en mi vida que siempre he aplicado: "Es mejor que me hagan el daño a mí y no yo hacer el daño..."

En el poder de la boca del hombre está la vida y la muerte. "La vida y la muerte están en el poder de la lengua y el que la ama comerá del fruto de ella". La palabra es clara ,contundente, si amo la vida, que es la vida en el Señor, por supuesto, si la cultivo, la atesoro, al Señor amo; Tendré de ella muchos frutos, y por supuesto, esos son los frutos buenos. Si por el contrario, invierto mi tiempo en guardar dolor, rencor, rechazo, ira, contienda, angustia, estoy, consciente o inconscientemente, amando la muerte. Esos son malos frutos de una vida de pecado o muerte y sus malos frutos son por consiguiente también de muerte. De ahí la importancia de recurrir a tu interior para que identifiques lo que guarda tu corazón.

La Palabra también nos enseña:" Sobre toda cosa guardada, guarda tu corazón, porque de él mana la vida. ¿Qué guarda tu corazón en este instante? Te insto a tomar un descanso, dejar de lado el libro, hacer una cita con tu interior y reconocer qué hay allí atesorado, donde está tu mente, está también tu corazón. Ve al cuarto secreto de tu interior, revisa todo lo que ahí se encuentra y saca de ese lugar todo lo que no agrada a Dios.

Después de meditar y recorrer tu corazón y encontrar que hay allí alguna duda de algún pasado que todavía de alguna forma te lastima, toma la autoridad que Dios te dio. Tienes la promesa de Lucas 10:19" Os he dado autoridad para pisar serpientes y escorpiones y toda fuerza del mal y nada os dañará". Aprópiate de esa promesa, deslígate de ese recuerdo o recuerdos, suelta a la persona o personas, y estén vivas o muertas, decide perdonarla o perdonarlas ahora y por siempre.

Confiesa con tu boca, en voz alta que ahora mismo, suelta a cada una de esas personas, sácalas de corazón en el nombre de Jesús, declara que decides amarlas desde ahora y por siempre y declara, declara que ahora mismo eres totalmente libre, libre, libre en el nombre de Jesús. Si has orado de corazón estas palabras, por fe recibe, que ya fuiste libre de esa carga, angustia dolor o lo que sea, y tu interior se declara completamente libre para adorar, servir y obedecer al Señor.

Ahora toma unos minutos de fe y podrás examinar de nuevo tu interior y verás que llanto, gozo, paz, saltan de tu interior. Ríos de agua viva brotan de ti, Gloria al Señor, estás entrando en armonía, te estás alineando al reino de los cielos. Eres libre, completamente libre y celebramos esa victoria en tu vida. En mi experiencia personal yo la he vivido y te aseguro que no hay mayor gozo en la tierra para una persona que saber que estás aprobado por Dios y que ahora Él reina en tu interior. Lo santo y lo profano no pueden estar juntos, donde hay mezclas, Dios no se glorifica, entra la persona en confusión y esa persona tampoco tiene identidad propia.

Esa es la especialidad del enemigo, hacernos sentir culpables y que no identifíquenos el lugar donde estamos parados. El Señor demanda que le amemos a Él con todo el cuerpo, el alma y el espíritu. Él nos hizo seres tripartitos y demanda total sanidad en esas tres áreas. Por eso se habla en La Palabra de que en Él, y sólo en Él, estamos completos y no hay falta de ningún bien.

Capítulo 5: De un sueño de hadas a una pesadilla...

Carta 10

Aquello que parece un sueño de hadas se puede convertir en una tragedia terrible. Aquello que los demás atesoran y parece brillar como lo mejor en la tierra puede tener un sabor amargo. Esta es la historia de una persona que por inmadurez incurrió en una relación donde lo material, apariencia social, reconocimientos y otros, parecían ser el atractivo de la misma. Quizás sacrificando sus sueños, fantasías y proyecciones, se lanza a vivir la experiencia que parecía llenar más las expectaciones de los demás que las suyas propias. Se envuelve en una relación de pareja tomando en cuenta quizás sólo lo civil, lo legal y todo aquello que la sociedad demanda para tener aprobación.

Aquella joven atacada e intimidada por los roles de la sociedad actual, se lanza a la aventura sin tomar en cuenta que sus emociones y sentimientos no estaban allí del todo. No pasó mucho tiempo sin que la realidad de una relación que no tenía fundamento, o simplemente no tenía las bases para sostenerse. Llega el momento donde la base de una relación sólida no existe y los pequeños inconvenientes se hacen gigantescos y parecía no poder encontrar una salida.

Aquella persona víctima de esta relación, donde el otro es también víctima de relaciones del pasado, de daños emocionales nunca tratados, de heridas de su niñez nunca confrontada y sobre todo de un mecanismo de defensa machista para poder justificar ciertas actitudes y comportamientos que sólo tienen duras emociones tóxicas que nunca se sanaron, endiosa a su pareja, quien promete villas y castillos con el propósito de retener a la presa, y no sólo muestra su falta de responsabilidad en ciertas promesas, sino que, sin importar que se lastimara también a una pequeña criatura fruto de esa relación, todo lo echa a perder. Esta joven sin experiencia, que ha creído en parte a lo que después son falsas promesas, decide abandonarlo todo, llevar esta criatura en sus manos, dejando todos los bienes, que ambos habían trabajado juntos.

Debo aclarar que esa persona era muy adinerada, quizás uno de los más ricos de esa época, ahora al sentirse abandonado, solo y lastimado, en su machismo, vierte todo lo que tiene en una ex pareja, quien aprovecha su opulencia del momento. Viene de otras tierras a apoderarse de lo que no le pertenecía y este falso compañero le suelta todo lo que tiene. Le da todo, y vive su nueva relación como si nada hubiese pasado. La joven confundida piensa en las promesas de su esposa y ahora descubre que todo era falso. Pierde sus bienes, su casa, su entorno y se va con las manos vacías.

Empieza una nueva vida llena de temor y desilusión, hubiese dado todo por nunca haberse envuelto en esa relación. Pero todo estaba consumado ya. Pasó el tiempo y esta joven tiene un acercamiento a Dios mucho más maduro, más genuino, más sincero y su vida empieza un nuevo sendero. Cabe aclarar que ya existía un niño en esa relación, no se podía poner total distancia en la pareja. Este hombre machista y con rencor porque lo dejaron solo, ahora usaba de venganza siempre que podía. Una de las más crueles venganzas era negarse a ver a su hijo. Esta joven se sintió totalmente confundida y lastimada, pues venía de una familia cuyo ejemplo era de estar siempre al lado de los padres, y los padres al lado de los hijos, por lo que no percibía la vida de su hijo alejado de su padre.

Al cabo de unos años, la joven vuelve a casarse, en situaciones parecidas, pues ella tenía una necesidad interna que tampoco había sido suplida y por ende, pensaba que en otra relación tendría la respuesta, lo cual confundía y hacía más difícil la situación presente. Por razones mayores esta chica abandonaba el país; Le dolía tanto no poder llevar a su hijo, pues en ese momento era algo imposible. Se acerca al padre del niño, le expone la situación, le pide que sólo por unos días se dejara con su hijo, sólo para que el niño al no estar con su mami, pudiera disfrutar a su padre. Esto fue una terrible pesadilla.

El padre decidió retener al niño a como diera lugar, lo escondía de su madre, la cual se quedaba con los regalitos en sus manos y esperaba al primer niño que pasaba por su lado y a ese se lo daba, se iba al parque a llorar lejos de su familia. Se ocultaba para no ser vista y por años esta pesadilla se hacía más severa. Cuando solía dejar al niño venir a la ciudad donde vivía su madre, las horas eran contadas y la intimidación era muy fuerte. Esta persona de mucha influencia en su país, no sólo usaba su poder para lastimar al niño y a la madre, sino que le daba a la pareja presente total libertad para que manejara los permisos entre el niño y su madre verdadera. Muy doloroso, muy frustrante, al extremo de que en un momento dado, la madre deseaba morir, pero no pasó.

El niño desarrolló cierto rechazo aún a su madre, dada la influencia de la madrastra y el mismo padre quien no sólo creó enojo entre los dos, sino que, tan pronto tenía la oportunidad de reconquistar a esta joven mujer, también lo hacía. Siempre se quedó con la intención de reconquistar a esta quien

49

había sido su esposa, lo cual no pasó. El niño creció con ciertas deficiencias en su aprendizaje y conducta, pero este indolente hombre parecía no importarle. Debo reconocer que este niño tuvo en gran manera, las riquezas que cualquiera anhelaría, pero no creo que pudo disfrutarlas.

Cabe señalar un punto importante: como el niño no podía estar al lado de su verdadera madre, escondía en el patio de su casa, debajo de una roca, su punto secreto, allí guardaba las fotos de él y su mami, para evitar que se las votaran o se las rompieran como siempre ocurría cuando las dejaba en su cuarto o habitación de dormir.

Siguieron pasando los años y el corazón de esta triste madre, nunca se recuperaba de tan fuerte dolor; Pero un día, ocurrió el milagro, la revelación del perdón, del perfecto amor de Dios tocó la puerta de su corazón y su sanidad interior tomó lugar después de muchos años de total sufrimiento.

Ahora podrás entender el porqué de *Cartas que Sanan*; esta joven volvió a ese pasado doloroso, hizo lo que manda el Señor para ser libre de ese dolor y el resultado fue: ¡Su lamento se convirtió en gozo! Por supuesto, que todavía existen ciertas consecuencias con respecto al hijo, pero su relación espiritual con él, es al cien por ciento buena, madura, sin rencores, porque se materializó todo tipo de perdón en sus vidas y hoy uno y otros se aconsejan de manera divina.

Sólo Dios cambia las cosas que parecen ser imposibles, y una vez más se aplica que: "A los que aman a Dios todas las cosas nos ayudan a bien". Dios es bueno, perfecto y fiel a lo que ha prometido. Dios bendiga hoy y siempre a ese hombre machista y controlador y a esa compañera, quienes sembraron el mal en la madre y el hijo, porque de eso estaban llenos sus corazones. Dios los perdonará y les dará la oportunidad de que ganen el Reino, donde sólo se practica el bien.

Capítulo 6: Causa y efecto entre madre e hijo…

Carta 11

Amado Álvaro: que doloroso verte comportarte de una manera tan cruel e indolente, ante una persona que no sólo te trajo al mundo, sino que, te llevó en sus entrañas por nueve meses y te sigue llevando en cada respirar de su vida, por cada año que va pasando.

Ahora puedo entender que lo que hacías en aquellos momentos era por el resultado de tanto dolor que habías internalizado, quizás tomando un poco de venganza hacia esa persona, que en parte crees que te abandonó, sin entender que cruelmente te arrebataron de sus manos. Gracias a las conversaciones que hemos tenido después de tanta incomprensión, (donde ninguno de los dos supimos manejar las diferentes situaciones, o simplemente no sabíamos cómo hacerlo), pues hemos podido superar algunas diferencias.

Recuerdo aquel día que tu madre se traslada de una nación a otra para verte, abrazarte, a llenarte de regalos; como mecanismo de defensa o quizás como justificación, tu madre te espera para ese encuentro, mientras tú habías decidido irte de fiesta con tu medio hermano. No la llamaste ni siquiera para disculparte o simplemente explicar la razón por la cual hacías lo que hacías.

Pasaron los días, tu madre regresa al otro país mientras tú sólo decías: " Dime donde me dejaste mis regalos para buscarlos". Ni una palabra de aliento, menos de arrepentimiento tuviste para ella; Sólo desprecio y hasta falta de amor. Ese si fue un dolor que nada lo mejoraba. Una vez más dando gracias a Dios por su misericordia, esta desconsolada madre, encuentra aliento de vida, donde puede refugiarse y llamar a lo amargo amargo y a lo dulce dulce, para no resentir hacia tu padre por lo que ya Dios había perdonado. Una experiencia inexplicable, amarga, sin comparación. Pero parte del fruto de un mundo caído.

Dios obró y el proceso de perdón llegó a esta madre, que siempre buscó como justificar tales comportamientos, para que nada interrumpiera ese amor que se produce entre madre e hijo. Así ocurrieron las cosas antes del Señor obrar en la vida del hijo. Estos y muchos otros percances semejantes, ocurrieron por varios años, pero Dios siempre obrando, convirtió este infierno en un remanso de paz, amor y gozo inexplicables. Dios bendiga a ese hijo, que lastimó, hirió, condenó y acusó en gran manera a esa madre, quien no podía identificar porqué un castigo tan grande había llegado a su vida. Todo lo que el hombre sembrare, eso también segará.

Capítulo 7: El poder transformador de la Palabra...

Amigos lectores, vamos a proceder a traer algunas enseñanzas bíblicas que me han apoyado a través de la escritura de este libro y que, gracias al resultado de la palabra de Dios en mi vida, *Cartas que Sanan*, puede sanar. Dios en su infinito amor conociéndome y sabiendo que un corazón que alberga rencor, jamás podrá hablar la palabra de Dios genuinamente, me ha respaldado siempre. Qué bueno que Él me conoce, y supo siempre que yo necesitaba sanidad interior.

Dios me permitió hacer muy mía esa palabra que dice, que si perdono al ofensor, Él personará mis pecados. Cuando entendí que había tanto dolor en mi corazón, cuando pude medir la intensidad de ese sufrimiento, entonces entendí que era difícil continuar. Era imposible seguir adelante con tantas heridas acumuladas. Simplemente no podía comprender por qué personas que yo sólo amaba, a quienes no tenía la menor intención de lastimar, a mí me leían mal. Creo que en ningún idioma hubiese sido posible una explicación. Sólo existe una fórmula, solo una vía, sólo una solución poderosa y verdadera.

Esa palabra de Dios que no retorna vacía, por algo llegó a mí algún día, ese gran día empezó la vida para mí. Fue bastante reconfortante cuando por la palabra de Dios, y mis estudios, entendí el comportamiento humano. Aquel precioso día, comencé a sonreír, a sentir cosas hermosas, ya mis pensamientos tóxicos comenzaban a alejarse, ahora mi interior recibía cosas bellas y hermosas, que sólo viviéndolas las pondrás entender. Corría, saltaba, cantaba y mi vida empezó a ser diferente, porque la palabra dice: Que el Señor cambia mi lamento en baile, que me ciñe de alegría, y así volví a cantar, a descubrir de nuevo la felicidad.

Cuando pude pronunciar:" yo perdono", y "yo pido perdón", el milagro comenzó a ocurrir y todavía siguen ocurriendo milagros en mi vida. Es una fuente que no cesa, que no para y el sabor es cada vez más bueno, más delicioso. Muchas veces o casi siempre hacía lo que hacía para parecerme a los demás. Sentía que yo era muy diferente y quería parecer lo contrario. Quería saber qué se siente al pecar. Ahora te lo diré: Sabe a pura muerte y también a puro infierno. No se puede servir a dos señores. Yo siempre supe que por encima de todas las cosas tenía que agradar a Dios.

Como lo deseaba en silencio, muchas veces le decía: "Señor, por qué este deseo de servirte a ti y esa fuerza que me mueve a complacer al mundo, quizás para ser aceptada". Tremendo error humano, buscar siempre el ser aprobado por aquellos que están más perdidos que uno. Qué falta más grave la de querer que nos acepten como somos, de regalar cosas, de oír elogios, buscar complacer sólo para ser aceptados por los demás. En cambio Jesús no nos pide nada a cambio, sólo el deseo y la decisión de querer cambiar. Sólo nos pide que nos analicemos acerca de dónde estamos, Él nos ofrece la brújula, la dirección, la vía y además de perdonarnos, nos hace herederos y coherederos junto con Él. ¡Qué Dios glorioso¡ ¡Qué estimulante es poder ver tanta misericordia cuando no la merecemos y cuando no tenemos ninguna por nosotros mismos¡

A continuación leerás una carta que envié a mis más amados familiares y amigos. Esa carta lleva como propósito exhortar a los hijos de Dios, que revisen su status espiritual delante de Él. Muchas veces en la vida vemos con facilidad las faltas en los demás y ni se nos ocurre, meditar acerca de qué está pasando con nosotros mismos. La carta que fue enviada podrá resultar dura y hasta ofensiva, pero sólo será así para aquellos que de alguna forma estaban descuidando su relación con Dios. Creo, casi sin temor a equivocarme, que si en aquel tiempo, alguien, cualquier persona, me hubiese corregido, confrontado, disciplinado, creo que hubiese hecho un cambio instantáneo en mi vida. Por eso *Cartas que Sanan* tiene la intensidad de seguir sanando a todos aquellos que quizás hablan del amor, la misericordia de Él, que sienten que le están sirviendo, pero niegan la eficacia de ello.

Capítulo 8: Porque te amo, te confronto…

Dice La Palabra en Mateo 7:16 que por sus frutos será conocido el árbol. También dice La Palabra que todo árbol bueno da frutos buenos, y todo árbol malo, frutos malos. También el árbol malo será cortado y echado al fuego. La palabra que continúa en la misma porción también se refiere al hombre que es prudente y al hombre necio. Yo por lo regular, en mi calidad humana me sentía siempre prudente, al leer esa palabra, ver esos frutos del momento, al ver mi actitud errónea, rápido me guió al arrepentimiento. Me ubicaba entre aquellos que dirán: "Señor, pero en tu nombre..."y Él responderá, apartaos de mi hacedores de maldad. Pude atesorar de una manera gigantesca el amor, la misericordia, su fidelidad y sobre todo su flexibilidad.

Por eso esa carta que leerás a continuación, está llena de amor, cuidado, confrontación y advertencia. Creo que por primera vez en mi vida pude tener un arrepentimiento genuino, un arrepentimiento el cual no podré describirles por cuanto tiempo lloré. Mis lágrimas no paraban, mi gemir era profundo, mis fuerzas no las podía sentir, sólo sabía que estaba siendo limpia. Yo había aceptado el perdón de Dios para mi vida, pero el dolor de haberle fallado, el sufrimiento de haberle ofendido y desobedecido eran muy fuertes. Permíteme llorar contigo ahora, déjame hacerte compañía, creo casi entenderte, pero con una gran diferencia, ya Él ha cambiado, ha sanado, ha liberado, ha cicatrizado todas mis heridas.

Me siento totalmente limpia, pero quiero llorar contigo, no por tu pecado, sino porque quizás el dolor de mi pecado, te está haciendo llegar a alejarte del tuyo, y puedas decirle a Él, y sólo a Él, que ya no te interesa nada de este mundo, que el tiempo que te queda en la tierra, servirá para arrepentirte y adorarle por siempre. Te garantizo que antes de terminar este libro de misivas que sanan, tú también llorarás y llorarás, pero esta vez de gozo y alegría. Leamos la carta a mis amados del 2012.

Carta 12

A los que amo: Lastimando para sanar

Dice La Palabra en 2 Timoteo 3:16-17: "Toda la escritura es útil para ensenar, corregir, exhortar, instruir en justicia a fin de que el hombre de Dios sea perfecto enteramente preparado para toda buena obra".

Esta es una palabra que debe ser analizada por el hombre de Dios en estos tiempos. Cuando digo debe ser analizada es para saber a qué nivel estamos de crecimiento delante de Dios. El Señor ha demandado de su pueblo hacer una sola iglesia en toda la faz de la tierra. Esa iglesia debe ser: pura, sin mancha y sin arrugas e irreprehensible. Es decir sin pecado. Esa iglesia eres tú, soy yo. Es decir ya tenemos que acelerar nuestra búsqueda delante de Dios. No podemos continuar mezclando las cosas ni mucho menos, querer vivir dos estilos de vidas al mismo tiempo. O estamos con Dios o pongámonos claros, estaremos con el otro, Él dice en su palabra que lo santo y lo profano no pueden estar juntos, no podemos llamar a lo amargo dulce.

No se puede servir a dos señores, pues aborrecemos a uno y serviremos al otro. Ya es tiempo de abrir los ojos, y de no ponernos de acuerdo con aquellos que quieren vivir conforme a este mundo y querer también alcanzar a Dios. El señor me dio una palabra fuerte hace poco tiempo acerca del celo santo que tenemos que tener por las cosas de Él.

El Señor me ha mostrado el engaño grande que tienen algunas personas que se agarran de algunas promesas para decir que Dios vive en sus corazones, es decir: hablan de piedad pero niegan la eficacia de ella. Hay personas que sólo hay que mirarlas en el Internet, Facebook, mensajes de texto y otros medios para ver quiénes son. Personas que usan la sensualidad, la provocación al vestir, al hablar, al socializar, al justificar y estar de acuerdo con el pecado y también quieren ofrendar, aun diezmar en las iglesias y hasta participar de los servicios al Señor. Amados míos, tengo un fuerte dolor en mi corazón pero tengo que obedecer al Señor. Él les recuerda La Palabra que dice: "Es mejor entrar en el reino de los cielos, cojos o mancos y no que todo tu cuerpo ser arrojado al infierno eterno".

Es tiempo de tomar las cosas en serio y yo personalmente quiero librarme del castigo que me espera sino les traigo esta palabra de corrección, ya queda poco tiempo, el Señor nos ha puesto como atalayas, si no les provoco al arrepentimiento y llega su día, Él me pedirá cuentas, pero si te advierto como ahora lo estoy haciendo, si te arrepientes, tú librarás tu alma y yo la mía. Es decir, si tú sirves al Señor no podrás vestir como lo hace el mundo para provocar a otros, no podrás frecuentar esos lugares públicos donde se toman las bebidas para desinhibirte y por hacer lo que hacen los demás que no sirven a Dios, de ser así estás de acuerdo con el mundo y no con Dios. La palabra dice que no participemos del pecado ajeno. Esto es lo que se está dando en la actualidad. Es una mezcla de servir a Dios y al mundo al mismo tiempo.

Lo siento amados míos. Esta carta lleva un objetivo principal y es el siguiente. ¿Cómo estás viviendo tu vida, para Dios o para el diablo? Así, de tajante es la forma como tengo que decirlo. ¡Ya basta de pasar pañitos tibios! Yo hoy, delante de Dios, y créeme con amor, te exhorto a que reacciones, te arrepientas, te apartes de esa vida de doble sentido y te decidas servir a Dios con todo tu cuerpo, alma y espíritu, y la gracia del Padre, del Hijo y del Espíritu Santo te fortalecerá, te llenará de gozo, te guiará a un nivel espiritual diferente y podrás saborear la misma Gloria de Dios.

No ha sido fácil hacer esta carta dura y de confrontación total, pero Él me ordena que hable las cosas como Él me las muestra. Ojalá puedas entender, pero sé que si de corazón quieres agradar a Dios podrás dejar de inmediato esos pecados del mundo que dan satisfacción a la carne lo que lleva a muerte, y podrás envolverte en las cosas del Espíritu que son vida y paz, dice El Señor, y nos aseguran la vida eterna.

Dios te ilumine, te bendiga y te guie a esa senda de paz y amor que hace tiempo te está ofreciendo. Con toda libertad puedes escribirme y si en algo pueda ayudarte u orientarte incondicionalmente estoy a tu disposición. Si sientes que estás listo para tocar el manto de Jesús, atrévete y dile: Señor Jesús, perdóname por haber mezclado las cosas, entiendo que sólo en total santidad te podré agradar y quiero que entres en mi corazón, me laves por dentro y por fuera con la sangre de Jesús, limpia mi pasado, presente y aún el futuro. Quiero vivir sólo para ti y representarte en la tierra como un hijo del reino. Gracias, gracias por tu perdón, amen.

Capítulo 9: Una Experiencia traumática…

Quiero mi amiga lectora que practiques conmigo algunas porciones bíblicas que son del todo esenciales, para tu sanidad interior. Yo sé que al terminar este libro, tendrás las herramientas de lugar para que puedas ayudar a otros. ¿Has vivido una experiencia similar?

La historia que lees a continuación se trata simplemente de eso. No sabemos cuándo nos movemos de un lugar a otro o si tendremos la oportunidad de volver a regresar a ese lugar de origen. Hace más de dos décadas, casi tres, esta joven dominicana decide llegar a los Estados Unidos de Norteamérica. Como todos, llega llena de sueños, fantasías y búsqueda de superación, pero su mayor meta era la de continuar formando su familia. Madre de tres hijos, un esposo maravilloso quien la amaba de manera ejemplar, es decir: tenía lo que toda mujer sueña para sentirse feliz.

Esta mujer un día se reincorpora a su trabajo del cual estuvo ausente por asuntos de producción de la compañía. El mismo día que empieza de nuevo, sufrió un aneurisma cerebral fulminante, que por 12 años la mantuvo en un coma profundo. Su estado físico era totalmente limitado, apenas respiraba y por mucho tiempo, o por los 12 años su respiración no fue normal, pues dependía de máquinas y sustitutos.

Esta mujer con su enfermedad marcó a muchos individuos, tanto de entorno familiar, como social, a los que no solo recibieron marcas de dolor, tristeza y depresión, sino que fue una incógnita que el mundo aún no ha podido descifrar. Todo él que veía aquel cuadro se preguntaba y cómo puede vivir un ser humano por tantos años: sin hablar, sin caminar, sin moverse, ni ver, ni comer normalmente, sino por tubos; no hablaba, no entendía, no sentía, decían los médicos y enfermeras, que ella no sabía que estaba en el mundo, aún los científicos no han podido decir que era lo que podía o no podía hacer.....así de compleja fue la enfermedad de aquella mujer que sólo por el espíritu se podía discernir lo que podía o no podía hacer.

Podríamos llamar: "El caso de lo que no se podía". Fueron muchos los días, semanas, meses y años, que su familia pedía más a Dios por verla descansar que por verla vivir, porque allí nunca hubo calidad de vida. Esa mujer enajenada de su propia vida, que aún, si se puede decir así, vivía, conmovió mi corazón de tal forma que yo decía, tengo que terminar mi maestría porque en medio de su agonía se lo prometí. Ahora debo continuar con mi doctorado porque quiero saber más de su enfermedad: por qué hace lo que hace, donde nadie podía entender lo que pasaba. Después y al mismo tiempo que hago el doctorado me inclino a la especialidad por el hecho de entender un poco más de aquellos que decían que ella entendía, veía, fue como un rompecabezas, pero ese fue el caso.

Aquella mujer que nada podía hacer, sin hablar y sin poder mirar, porque su mirada había desaparecido por su enfermedad, sabía cuándo yo entraba en su cuarto de donde estaba, aún sin emitir palabra. Sus lágrimas llenaban sus ojos buscando quizás saber de los suyos, lo cual los médicos siempre dudaron. Sólo movía unos cuantos dedos, tres de ellos, y con dificultad los apretaba para dejarme saber que me sentía, sus lágrimas me decían que algo le dolía no sé si en su cuerpo o era quizás su alma. Pedía al personal de enfermería que la medicara, que algo le dolía. ¿Que era, su cuerpo, el alma o el espíritu? No lo sé, creo que tampoco nunca lo supe. Ella fue mi hermana, que me reto a conocerla en aquel lecho de muerte que no terminaba, en aquella pesadilla que nunca nos daba alivio, en aquella pesadilla que trataban de medicarla para poderla sostener, en aquella enfermedad que le ponen un nombre pero sólo se asumen cosas acerca de ella porque aún la ciencia no puede decir exactamente que se siente, qué está pasando, sólo es un cuestionamiento aún por descubrirse.

Allí estuvo ella, por años y años, 12 años, y allí creo que moría yo poco a poco, pero con todas mis facultades, con todas mis habilidades y con toda la apariencia humana con que nos disfrazamos para dejar saber que existimos y que podemos competir con el mundo. Esto es una historia, que se habla de ella, se puede contar, pero solamente, cuando tú eres quien la vives podrías decir: "El trauma es del que la sufre porque es la víctima, o el trauma es del que la observa, también la sufre y quien es también víctima. En situaciones así, sólo Dios y dependiendo totalmente de Él, podemos continuar y hoy podemos hablar de esa historia.

Dos personas: una en estado de coma, neurológicamente y físicamente impedida, y otra que tiene un poco de lo mismo, pero nadie lo puede ver, nadie lo sabe, nadie lo entiende y nadie lo podría descifrar. Hay casos en la vida que no se sabe quién sufre más si él que desarrolla la enfermedad o él que tiene que vivirla con él que la padece. Todos esos años de sufrimiento me llevaron a entender que nunca se sabe cuándo será nuestra última respiración en la tierra.

Debemos pedirle a Dios que obre en su misericordia, porque es mejor partir de este mundo al instante que quedarnos viviendo aparentemente con un aliento de vida que no es ni siquiera, natural. Aquello marcó mi vida para siempre, yo podría decir que pasé a un nivel mucho más alto del que siempre permanecía. Que me llevó a valorar la vida no sólo por lo que vale, sino de cómo debo vivirla. De saborear el dolor, no para que me deje amargura, sino para que me eleve a lo infinito. No vivir en la tierra como el que tendrá una larga vida, sino vivir cada segundo como si fuera mi último día para prepararme mejor y estar lista para esa partida.

Capítulo 10: Un viaje sin retorno...

Entendiendo como dijera alguien: "La vida es comparada a un viaje en tren, llena de embarques y desembarques de subidas y bajadas tristes, de grandes y pequeños accidentes en el camino, lleno de atropellos y de experiencias tristes, alegres, de altos y bajos desalientos, pero en fin, ese es el viaje de la vida". Al lado de nuestros seres amados, que hoy están conmigo pero otro día deciden que sean otros que les acompañen en ese pasaje de la vida. Ese tren sólo realiza un viaje, de ida pero no tiene regreso.

Debemos estar preparados porque no sabemos en cual estación nos tocará descender. Algunos salen, porque se van de la vida como mi hermana, y otros entran, como los niños que nacen y empiezan su viaje. Cada vez que el tren disminuye su velocidad porque va llegando a su estación yo me pregunto, ¿Quién se ira?, ¿Quién entrara? ¿Seré yo?, no debemos de olvidar, que cuando entramos en ese tren de vida las primeras personas que allí encontramos, son nuestros padres quienes nos ayudarán a hacer ese viaje de subidas y bajadas tristes. Sabiendo que en cualquier momento nos tocará salir para irnos a esa estación principal que es el cielo.

¿Cómo te sentirás cuando te toque a ti? ¿Que será eso que sentirás cuando te toque partir: añoranzas, tristezas, dolor, angustia o desesperación porque te vas y dejas a los tuyos? Sea cual sea tu respuesta, recuerda que esta relación de la muerte y la vida tiene como moraleja enseñarte, o llevarte a la convicción que es importante saber dónde estás sentado, en el vagón donde estás ahora, estás haciendo aquello que te hace digno de estar listo para partir de este mundo. Recuerda, es importante reconstruir para volver a empezar. Analiza tu viaje en ese tren y trata de que estés viviendo a la altura de los hijos de Dios que siempre están listos para salir y nunca más regresar. O para reconstruir, para volver a empezar. Quizás mi hermana tuvo que reconstruir por esos años para volver a empezar y así entrar en la eternidad.

No quiero que pienses amigo lector, que quiero sonar melodramática, o que sigo jugando el papel de víctima, eso nunca. Trato de compartir contigo como dice la biblia en Romanos 8 que a los que amamos a Dios, todas las cosas nos ayudan a bien. Que no se mueve un cabello sino es por la voluntad de Dios, que no tenemos control de lo que pasa en la vida cuando está fuera de Su voluntad. Dios me ha dado para usar el libre albedrío sabiamente y no para hacer o tomar decisiones incorrectas. Que hacen faltas comparaciones como el tren de la vida para que podamos vivir esta vida lo mejor que podamos, sin dejar huellas de odio, dolor, resentimiento, lo cual es un cáncer emocional que está destruyendo a los seres humanos en la tierra, y que lleva a muchos al infierno.

Que podamos vivir cada segundo de la vida como que el próximo será el último para vivir calidad de vida en lo espiritual, mental y emocional. Que puedas ahí, amigo lector comparar tu vida, sabiendo que el tren disminuye su velocidad y que no sabemos quién saldrá, quién se irá y si fueras tú o si fuera yo ¿Sabes lo más triste del caso?, Esa mujer nunca más regresó a su país, siempre esperando el momento perfecto para ir a ver a los suyos, los cuales nunca, nunca pudo ver. Sólo aquellos que tenían la dicha de poder viajar volvieron a verla; hubo unos cuantos que vinieron cuando ya no había aliento de vida para verla irse en su viaje eterno, hay otros que todavía te preguntan acerca de cómo estaba antes de partir porque nunca más la volvieron a ver después de haber dejado su tierra, para salir a buscar un estilo de vida mejor.

No quiero que estés triste, no quiero que te deprimas o desanimes pensando en el tren de la vida. Asegúrate de ir en el vagón apropiado, de ir buscando a quien poder ayudar para que le des lo mejor de ti, de buscar aquellos que se han extraviado en vagones que no tienen vida, que puedan entender que los seres que aman van sentados lejos de ti, que hoy son otros los que ocupan su lugar, que ya no les interesa y no quieren tu cercanía, sé valiente, sé sabio, decide a viajar dispuesto a seguir amando aunque no te amen a ti. Listo para bendecir aunque otros a ti te maldigan, y sobre todo listo para amar aunque a ti te odien. Recuerda esto siempre, dice la palabra de Dios, que el amor cubre multitud de errores, el verdadero amor es el cumplimiento de la ley.

Capítulo 11: Cruzando por valles de muerte...

Esta es una historia conmovedora y muy triste. Es una historia que te marca para siempre en el buen sentido de la palabra o simplemente te induce no sólo la mente sino también el corazón. Se trata de alguien que simplemente ha sentido en su corazón el deseo de ayudar a quien lo necesite. Que siempre está dispuesta a decir si al Señor cuando se trata de cumplir con la ley de Dios.

Un día esta mujer se encuentra con alguien con una necesidad precaria, alguien que dice morir de dolor físico, emocional y que pasa por una prueba dura y muy dolorosa. Esta persona que en todo busca agradar a Dios se inclina a ayudar a esta otra que no sólo tiene impedimentos físicos sino que también está atada en sus emociones y aún sus habilidades cognitivas estaban también afectadas. Se trata de un profesional que habiéndolo tenido todo, quizás sus mismos impedimentos físicos y neurológicos le impedían seguir desarrollándose como antes lo hacía pues ahora estaba en una gran necesidad. Pide ayuda, en todos los aspectos esta persona que quiere agradar a Dios, se deja usar como el buen Samaritano, pero no sabía en las redes que estaba cayendo.

Un día después de tanto ayudar a este necesitado, esta samaritana es llevada como oveja al matadero. Es perseguida como cuando se mata a un delincuente. Es llevada con acusaciones totalmente inventadas acerca de querer matar o de hacer daño. Todo como producto de una mujer extraviada en su mente, con problemas de índole mental, que acusa a esta samaritana que ha estado ayudando sin importarle de quién se trataba o a quién se lo hacía.

Fue llevada hasta la estación de policía, presa en sus términos más hirientes, con un expediente de acusaciones donde una sola, una sola de ellas era cierta. La acusan de querer matar, robar y de hacer daño. Esta persona nunca ni en su mente ha pensado tal cosa ni aún para desearla a su peor enemigo. El hecho es que está siendo acusada ante la ley pero nunca ni aún todavía lo ha pensado, por lo tanto nunca hubo ni una sola prueba o evidencia de los daños causados.

Ahora esta mujer está en manos de la ley. Hay proceso legal y judicial al cual responder, nunca apareció una sola prueba o evidencia de estas acusaciones, esto fue simplemente una calumnia que tuvo que pagar muy caro. Ella se cuestionaba que había detrás de todo esto, una prueba de la vida o simplemente una obra diabólica donde el diablo tendía una treta. Así es la vida llena de sorpresas que saben a muerte y de otras que simplemente saben a vida. No importa cuál sea la magnitud de la tuya, lo importante es estar preparados porque si no lo estamos, la vida te tenderá una trampa de la cual nunca podrás salir. En cambio, si estás bien parado, si la justicia de Dios es la que te abriga, muchas veces tendrás que saborear lo amargo por un tiempo, pero no podemos desesperarnos, al fin y acabo, Él prometió sacarnos victoriosos de cualquier prueba que sea.

Parecía ser interminable el dolor que esa persona recibió. Por unos largos meses las falsas acusaciones seguían en pie para lastimar, pero gracias a la sabiduría, justicia y fortaleza del Señor, el día del gran juicio llegó. Aquella persona acusada con un dolor que sabía a muerte por la injusticia de seres indolentes que se dan la tarea de hacerle coro al diablo, ella, con la fortaleza del Señor y la seguridad de ser parte del reino de Dios, se presenta ante la corte frente a jueces, fiscales, abogados y testigos, espera oír la voz del juez que acusaba o defendía, aquella persona que había recibido instrucciones legales de cómo hablar o defenderse, que esperaba la cuenta interminable de grandes gastos por representación legal por algo que nunca había hecho. Mientras los jueces y abogados se preparan para acusar o defender aquella oveja que fue llevada al matadero, que falsamente fue acusada, le llaman por su nombre, le ordenan ponerse de pies, que mira al abogado temblar por lo que ya venía, aquel abogado que siempre decía a su cliente: "nunca se sabe lo que determina el juez, aún seas inocente puede ser que te acusen". Nada alentador para alguien que nunca ha conocido el hacer daño.

De aquella sala de la corte, lista para dar su dictamen, se oye decir a la juez: "Esta persona que tenemos frente a nosotros es totalmente inocente y siempre lo fue, ha sido víctima de una persona mala que usa a los inocentes y nobles para hacer maldad, esta corte desliga totalmente a esta mujer por ser inocente y por el contrario, se acusa al demandante de todos estos daños y prejuicios que se han hecho contra ella. Queda libre de toda acusación y su nombre no será marcado por algo que nunca hizo. El abogado representante, después de unos largos meses de aparecer en corte sin haber recibido un centavo, cuyos honorarios eran de casi doscientos dólares por hora, y cada vez que tenían audiencia pasaban hasta siete horas por día. Se voltea, mira a su clienta con ojos de compasión y le dice: "No me debes ni un centavo, he defendido a una inocente".

Qué historia tan triste esa que acabamos de leer, cuanta injusticia humana en esta tierra de vivientes, tengo que confesarte que esa historia me pertenece. Fui yo la que vivió o pasó por ese valle de muerte. Te diré lo que aprendí de ello. Cuando iba como oveja mansa camino al matadero, no pretendo decir que soy como Jesús, eso jamás, nadie es como Él, puedo decirte el dolor que se vive ante una humillación tan grande por algo que nunca pasó, es semejante al valle de la muerte, sólo el que lo ha vivido podría dejar saber lo que se siente.

Pasó mucho tiempo para poder recuperarme del mal vivido y ¿sabes otra cosa? Aún no sé quién me acusó, no conozco al individuo, pero una cosa sí te digo, aprendí a amar al enemigo que aún no conozco, oré por esa vida, su familia y todos sus relacionados para que el Señor como venganza les salvara sus vidas.

Dice el Señor que tenemos que vencer con el bien el mal. Gloria sea dada a Dios que así fue, que su justicia que nos guarda, también nos representa. El Señor dice: Cuando vayas frente al juez para ser acusado, (por supuesto, tienes que ser inocente), no tienes que defenderte, Yo hablaré por ti, yo te defenderé. Esa es la virtud de jugar limpio, de andar como Él quiere que andemos y sobre todas las cosas hacer como Él dijo que hiciéramos.

Capítulo 12: El deseo de manchar lo que está limpio...

¿Has pasado por calumnias, acusaciones falsas, traiciones, engaños, mentiras o hipocresías en la vida? Welcome to the club. Quiere decir: bienvenido al grupo. ¿Has estado envuelto en una relación de amigos donde te sientas aceptado y correspondido? ¡Cuidado, mucho cuidado! No siempre pasa así. Existen personas que pueden jugar un papel de una cosa, pero en su interior sienten otra. La biblia habla de las personas que hablan de mucha piedad pero niegan la eficacia de ella. Hay seres humanos que fingen sentir por ti lo mejor, pero internamente están sintiendo otra cosa. Hay que cuidarse que lo que sentimos genuinamente por los demás. El Señor demanda que aprendamos en todo tiempo a hacer el bien y nunca el mal. Hay en tu vida personas que se dan a la tarea de hacer daño, si son capaces de usar la venganza o buscan a como dé lugar a pisotearte, tienes que huir de tal entorno. La Biblia dice: "El hombre sabio ve el mal y se aparta, pero el necio ve el mal y lo lleva consigo".

Una señal que nos hace darnos cuenta de quién es quién, es el comportamiento de esa persona que tú consideras amiga o amigo. Trata de ver su reacción ante una actitud negativa, la actitud que tome en ese momento con el otro es la que tendrá también contigo. Es decir, en la forma que sea como amiga o amigo con los demás, en esa misma intensidad lo será contigo. Si alguien es capaz de hacer daños a alguien que no hizo lo que esperaba, entonces esa misma venganza o daño lo hará contigo también.

Tenemos que cultivar a nuestro lado aquello que nos hace bien, que nos edifica y nos ayuda a triunfar en la vida, pero hay que huir, sin odiar, ni hacer daño, de aquellos que son capaces de matar o hundir cuando no se les complace.

Hay un consejo que siempre doy a mis pacientes en mi práctica diaria." Aprende a trazar límites saludables en tu vida". Trata de poner limitación a aquellas cosas que te producen daño o problemas. Ejemplo: traza una línea divisoria entre tu vida y la vida de aquel que no produce lo que te hace crecer o ser exitoso en la vida. Desea tener a tu lado gente grande en el aspecto de desarrollarse como personas, gente que siempre te anime a seguir adelante, aunque las cosas parezcan difíciles. Cultiva a tu lado aquellos que te llevan al crecimiento y no a la mediocridad. Crece y ayuda a crecer, triunfa, pero ayuda a otros a triunfar también. Levántate y ayuda al que está caído, abre la puerta de tu casa y tu corazón a los que quieren lo bueno, que desean lo mejor para ti. Aquellos que buscan siempre sanar su interior, pero también se preocupan por el tuyo. Eso es abrir las puertas de tu casa al que viene a edificar, no a derrumbar. Por eso: sana tu interior para que puedas sanar el interior de otros también; Haciendo así, estarás trazando límites saludables que también protegerán a los tuyos.

Otra estrategia saludable.

Se habla continuamente acerca del deseo ardiente de cambiar la actitud de otros, cuando de alguna forma ésta nos molesta. Siempre buscamos cambiar a los demás, pero no nos empeñamos en cambiar nosotros mismos. Es muy lamentable ver como esta actitud nos consume emocionalmente, no logramos lo que esperamos y nos separa en parte de esa persona con la cual luchamos por operar un cambio. Algo que he aprendido en la vida es que nadie puede cambiar a nadie, y lo mejor de todo es que cuando yo cambio, todas las demás personas cambian a mi alrededor. Es decir, aún esas personas que no pude hacer cambiar, al ver mi actitud de cambio, ellos también modifican sus comportamientos. Te exhorto a que pongas esto en práctica. Cuando te moleste algo de alguien, no inviertas energías exigiendo cambio, hazlo tú, cambia tú y verás el gran resultado.

Cartas que Sanan tiene como objetivo darte algunas herramientas o estrategias para que puedas lograr cambios positivos en tu vida. Te da destrezas y habilidades para que puedas lograr tu crecimiento personal de forma rápida y funcional. Acuérdate que trabajo con el comportamiento o conducta humana, y voy a aprovechar esta oportunidad para ayudarte a ti también. Para hacerlo un poco jocoso, no te voy a cobrar por la ayuda.

Este otro mecanismo te puede ayudar cuando sientas que necesitas hablar, que las cosas andan mal con tu pareja, tus hijos, en el trabajo, donde sea. Si estás alterado y lo único que te calma sea expresar tus sentimientos, lo más aconsejable sería dejarle saber a la otra persona que necesitas hablar; que te deje saber cuándo está lista para que hablen. No debes exigir ser escuchado en el mismo momento. Si la otra persona no está lista, se pondrá a la defensiva, no lograrás el efecto que buscas. Dile que te deje saber cuándo pueda escucharte, espera tú estar preparado para que vayas listo a expresar cómo te sientes cuando tus emociones estén calmadas. Empieza dejándole saber algo positivo acerca de su persona y luego puedes iniciar tu conversación; Si así lo haces te garantizo un buen resultado. Esto se llama implementar las habilidades de una comunicación efectiva.

Te daré un ejemplo: vamos a asumir que se trata de tu hija adolescente. Podrías empezar así:" Gracias hija por darme la oportunidad para hablarte.

Debo recordarte que siempre he admirado en ti, que tienes la habilidad de darte tu espacio correctamente. Esperaste por el momento correcto para que pudiéramos hablar. Quiero recordarte que es posible que por estar tan ocupada últimamente, has descuidado el arreglo de tu cuarto. Tenemos que trabajar en eso, si quieres cambiar el horario de limpiar tu cuarto podríamos hacerlo ahora. Así podrás escoger una hora que no te perjudique tus otras responsabilidades'". Si así lo haces te aseguro un resultado positivo, y al mismo tiempo estarás cultivando con tu hija la forma de comunicarse y mejorar la relación.

Cartas que Sanan te quiere ver sano, en tus mociones, es decir, tu alma, cuerpo y espíritu. Esto da sentido a la vida.

Vamos amigo lector a hacer un recorrido por tus experiencias vividas. ¿Te has encontrado alguna vez diciéndote a ti mismo que sientes que no has podido vivir tus sueños? Que quizás se hace difícil tratar de pensar que han pasado los años y la motivación se ha perdido. Déjame recordarte que nunca es tarde para lograr lo que siempre has deseado. Si todavía anhelas lograr, aun sea en parte eso que sería importante para ti, entonces, párate ahora mismo. Da tu primer paso de fe y empieza ahora, no esta noche, ahora mismo empieza a vivir tu sueño.

Digamos que siempre has anhelado una carrera, pero no sabes el idioma o no tienes los medios para empezar; Mucho mejor así todavía. Mientras más grande es el sacrificio mayor será el beneficio. Empezaremos por ponerte de pie, tomar lápiz y papel y empezar a escribir el plan de tu vida. Primero empezarás a contactar la escuela para el inglés (si te encuentras viviendo en un país que hable ese idioma,) quién y cómo se cuidarán los niños, asumiendo que haya algunos. Aplicar por becas que siempre hay a la disposición para él que menos puede. Recuerda, amiga mío, que si estás viviendo en Los Estados Unidos estás en el país de los sueños. Sigue armando o estructurando tu plan y te garantizo que sean tres o cuatro años o los que sean, como quiera que hagas con tu sueño, si pones en práctica el plan, pasarán los años y al cumplir tu meta podrás decir el sacrificio fue grande, pero mayor será tu alegría, o quizás tú dirás:" Ya pasaron los cuatro años, no logré mi meta y ahora se hace más difícil empezar".

De todos modos, mientras más rápido empiezas tu sacrificio, más cerca estarás del éxito. Atrévete a triunfar, recuerda que se dice: "El triunfo podría estar a la vuelta de la esquina". Dice la palabra de Dios, que Dios le dio la inteligencia al hombre para hacer las riquezas. Dios te envió *Cartas que Sanan* no sólo para sanar tu interior, sino para ayudarte a mejorar en todas las áreas de tu vida. Amo y disfruto mucho trabajar con sanidad interior y ahí es donde siento el fuerte llamado de Dios, exponerme, a estar a la brecha, para ayudar al que lo necesite.

Una última motivación en esta porción del libro:" Si quieres lograr grandes cosas en la vida, recuerda que la mejor forma de recibir es dando". Me gustaría tenerte de aliada o aliado, es decir, que todo lo que sientas que te ha ayudado en este libro lo pases a otros que también lo necesiten y lo que has hecho, volverá a ti multiplicado. Hoy día se habla mucho del sembrar. Sembrar quiere decir: plantar algo que luego dará frutos. La siembra de un árbol nos recuerda la esperanza de un bosque, la siembra de un mango nos anima a esperar muchos mangos en el futuro. La siembra de tus dones, talentos y habilidades nos asegura una generación de gente de grandes virtudes y eso, gracias a ti, que invertiste en dar a otros de lo que otros a ti te habían dado. Por eso nos recuerda el Señor en su Palabra que el que da al pobre a Dios le presta. No necesitamos ser los más ricos y destacados para ayudar a otros, pero si necesitamos poseer los valores y cualidades que podamos compartir para que otros triunfen y cuando ellos hayan triunfado en la vida por influencia tuya, tu habrás ganado con Dios y también recibirás bendiciones multiplicadas y hasta que sobreabunden.

Leyendo el libro sobre el potencial que tenemos por Myles Monroe, aprendí acerca de algo que hace tanta realidad para mí. El hace una reseña acerca de los libros que se van a la tumba sin escribir, señala las obras maestras que se llevó el artista frustrado que no aprendió a vivir su sueño, canciones que no se escribieron y tampoco se cantaron. Hace mucho sentido en la forma como este autor recalca que las tumbas están llenas de sueños y potenciales que se fueron de la tierra y nunca se supieron. Qué bueno que personas como ese autor mencionado y otros, nos instan a revelar los talentos, a cultivar las destrezas que tenemos y sobre todo a ocupar puestos en la sociedad que nadie ha llenado porque no tienen la valentía de descubrir el profundo potencial.

Capítulo 13: Ángeles en mi vida con nombres y apellidos…

Carta 1: Me llevaste al Señor…

Lamento, amigo lector, que tenga que escribir estas otras cartas sin decir los nombres de sus destinatarios. Esta que leerás a continuación, también te hará recordar o identificar que hay ángeles en nuestras vidas. Te contaré que muchos años atrás, cuando mi vida atravesaba por lo que llamamos un valle de muerte, encontré un ángel. Ese ángel tenía su compañera, que lo acompañaba en todo lo bueno que hacía, la cual no quiero obviar en esta referencia. En medio de un llanto que no paraba, la angustia que me consumía y el dolor que me sostenía, llegó ese ángel, el cual Dios había puesto en mi camino.

Alguien me hace una invitación a un culto familiar, a quien le comentaba que acababa de llegar de otro país, (sin haber podido hacer contactos con personas, tales como médicos, entre otros) y que una de mis niñas estaba haciendo un cuadro de amigdalitis, por lo que requería la presencia pronta de un médico. Esta persona que me invita al culto, me dice que el señor que va a predicar en aquel lugar es médico. Adquirí la información necesaria para llegar hasta su casa, lo cual pude lograr fácilmente, ya que era mi vecino, fui a tocar su puerta, y ahí empezó el milagro más grande que ha llegado a mi vida, el milagro de la Salvación!

Mientras hablábamos usó una expresión divina que me permitió identificarlo como cristiano. Le dije:" Me parece que eres cristiano, háblame de Dios, pues estoy desesperada."

Horas más tarde yo estaba recibiendo a Jesús en mi corazón como mi Salvador. Ese fue mi primer encuentro con Dios, el primer hombre en la tierra que me enseñó a amar a Dios, el primer hombre que me corregía, me enseñaba, me exhortaba y me instruía en la palabra de Dios, a fin de que aprendiera a ser perfecta, enteramente preparada para toda buena obra. 2 Timoteo 3:16-17. Ese hombre de Dios, quien forma parte de los seres humanos, tiene el carácter muy agradable a lo que espera nuestro modelo Jesucristo, al cual he amado y respetado siempre. Donde quiera que estén, amado pastor y esposa, quiero que sepan que aunque han pasado casi 30 años, después de entonces, aún ocupan ese sitial de honra y agradecimiento en mi corazón, pues después de Jesús, los he considerado como mis amados Pastores.

Carta 2: Mujer sabía que levanta al caído...

Recuerda amigo lector:" Que a los que amamos a Dios todas las cosas nos ayudan a bien". Recuerdo que en un momento donde todo parecía sucumbir, todo se tornaba gris (por no decir negro), donde el llanto era la compañía y la tristeza la amiga inseparable, ahí llegó ese otro ángel a la tierra. Mujer sabia y entendida, mujer compasiva e inteligente. De esas personas que alcanzan a ver belleza donde todo parece marchito. Así fue esa mujer en mi vida, una de tantas, llena de gracia. Aquella mujer que se dedicó a instarme a entender mi propósito, delante de Dios en la tierra, a esa mujer tipo ángel, que merece no sólo una carta, sino que le escriban un libro. Pues a ella dirijo mi carta.

Muchas veces la gente se va de este mundo sin saber lo agradecido que estamos de ellos. Es tanta la gente que siguen las huellas del Maestro, que no se dan por enteradas de todo el bien que han hecho. Hoy quiero decir gracias a esa mujer de Dios, que pudo ver belleza en medio de la mugre. Dios te bendiga mujer de Dios, recuerda que te esperan grandes sorpresas en los cielos. Gracias por todo aliento, fortaleza, apoyo y confianza que tanto tú como tu santo esposo depositaron en mí. Dije al principio, amigo lector, que éstos fueron dos ángeles que Dios tenía reservados para ayudarme en mi dolor y confusión. Los bendigo hoy y siempre.

Carta 3: Nunca te da la Espalda...

Amigo lector, creo que te fortalecerás mucho al leer la siguiente misiva. Siempre discreto, sin expresar sus emociones, es uno de aquellos seres humanos que están a tu lado sin que se noten demasiado. De esos ángeles callados que sólo esperan ver el momento de la necesidad para suplir lo que te falte. Esa persona que no dice muchas palabras, pero hace demasiado por los demás. Así fue quien en un momento de una gran necesidad en mi vida, sacrificó sus propias necesidades para ayudarme a mí. Gracias de corazón por permitirme conocerte mejor. Por convencerme a mi misma de todas tus virtudes y cualidades espirituales y humanas. Siempre vi en ti un corazón como el de Daniel, dispuesto a hacer lo que sea, con tal de hacer el bien. Por ahora humanamente, porque aún no has recibido revelación de todo lo que Dios te tiene reservado. Pero en tu actitud de querer ayudar al que necesita, sin mirar el sacrificio, reflejas que tienes mucho del Señor. Es por los frutos que se conocerán.

Gracias, hoy y siempre por ponerte a la brecha para ayudarme a mí. No hay muchos como tú, créeme, te bendigo y participo que Dios me prometió que siempre suplirá para ti y los tuyos por cuanto no eres insensible a las necesidades de los hijos de Dios.

Carta 4: Gracias por ofrecerme tu casa.

No sé, amigo lector, si te habrá pasado como a mí. No sé si en un momento de tu vida, alguien quiere compartir lo mejor contigo. Sé que tú también habrás sido bendecido en tu momento de soledad, de confusión, de silencio, de situaciones que ves que se avecinan, pero que aún no puedes descifrar. Es así como ocurre, en una etapa de mi vida, que esta buena familia de Dios, bendecida en la abundancia y sobreabundancia, me invitan a mí y mi esposo a pasar un tiempo en su casa, a cuerpo de rey. Así es como nos trataron, nos hacían sentir en nuestro propio hogar, compartiendo sus virtudes, desde el encanto de todos los pequeños, hasta la compañía incondicional de los mayores.

Esta familia nunca imaginaba que yo viviría la peor de las pesadillas, el peor de los dolores o angustia que pudiera compararse con la muerte. Allí me encontraba, lloraba, sufría, me aislaba, no me cuestionaban, oraban todas las veces que fuera necesario, pero siempre me hacían sentir bien y especial.

Amigos lectores, esta familia vive de bendición en bendición, pues acogen a los hijos de Dios y sea para celebrar o para llorar por una específica situación, le dan su mano de aliento y su hogar personal para mostrarte al Señor. Sus niños me daban la alegría que tanto necesitaba, me hacían olvidar el dolor que atravesaba mi alma, me daban los abrazos que tanto extrañaba de los míos, (los cuales en ese momento no tenía cerca de mi), pero Dios siempre suple y llena cualquier necesidad de sus hijos. Gracias por ser una familia tan especial, y aseguro que siempre recibirán al ciento por uno de las ganancias de los negocios del Señor. ¡Que maravillosos socios tiene mi Señor en su Reino!

Carta 5: Despedida final: En pocas horas te vas de este mundo...

Amigo lector, Cartas que Sanan está repleto de gozo, tristeza, momentos inolvidables y sorpresas agradables y tristes. Siempre es preciso saber cuándo se acaba una etapa de la vida para cerrar esos círculos. Lo importante es saber vivir cada momento de ella e ir clausurando los momentos que ya han pasado. Este hombre extraordinario de Dios, hoy está lentamente cerrando sus ojos para ir a un encuentro eterno y perfecto, al cual debemos de imitar.

Este viaje que estás emprendiendo sólo tiene ida pero no regreso. Este largo viaje el cual ya está en proceso va marcando el paso de un círculo que se cierra y de otro que se abre. No sé en cuál estación del tren te bajarás para no volver a subir, para irte a la estación principal, la cual llamamos gloria, pero de lo que no me cabe la menor duda es, de que allí llegarás. En esta experiencia que sólo tú estás viviendo, de igual forma, sólo tú podrás disfrutar de su brillante luz.

Permíteme felicitarte por haber jugado limpio. Por haber escogido viajar en el tren de la vida con sumo cuidado. Desde el vagón donde vas montado estarás preguntándote:" ¿Dónde descenderé del tren para irme arriba?". Cualquiera que sea tu pregunta, lo importante es la respuesta. No importa cuándo o dónde llegue ese momento, lo importante es que llegarás a tu destino final; Cantando, celebrando con gozo; Ya no sentirás más dolor, el cáncer ya será historia del pasado, para ti; Serás revestido de luz;

Coros de ángeles te esperarán y sobre todo, el abrazo perfecto de nuestro amado Jesús. Ya no podrás leer este libro, como habíamos hablado, pero te lo dedico y te escribo esta última carta.

Permítanme llorar, se nos va uno de los buenos, uno de los santos, uno de los hijos del reino y nos quedaremos huérfanos de su afecto personal, pero preñados de toda la sabiduría que nos enseñó.

Jugaste limpio, amado Apóstol, quizás no te queden días, sino sólo horas en la tierra, y desde tu lecho de muerte nos sigues enseñando. Gracias por ese legado, gracias por el buen ejemplo, gracias por desvelarte por nosotros, los que tuvimos el privilegio de conocerte, y recibir de ti, y sobre todo gracias por mostrarnos la imagen de Jesús. Aunque no hayas podido leer Cartas que Sanan, por haberte adelantado, marcarás esta obra con un sello de amor y un broche de oro que sólo los príncipes pueden llevar. No te diré adiós, amado Apóstol, te diré hasta pronto, I will see you later, ciao, au revoir, toda la tierra queda de ti agradecida, Apóstol de Dios.

Carta 6: Te marchaste dejando huellas.

Lamento mucho, lector amigo, haberte hecho llorar conmigo, reflexionar, preocuparte y hasta cuestionarte también. Ese es uno de los objetivos de Cartas que Sanan. Te abre las heridas, te cura las cicatrices, te extirpa lo que te lastima y te presenta el gozo de la vida.

La siguiente carta se destaca de una manera muy especial en este libro. Se trata de una mujer muy noble, caracterizada por una hermosa humildad. Con postura de reina y con alhajas y vestidos de cosas espirituales. Así como la mujer virtuosa, también extendió su mano y dio pan al menesteroso. Nunca se preocupó de la ropa o cobija de sus hijos y de los que siempre tuvo cerca, para ayudarles con sus faenas de madre y esposa abnegada, pues siempre estaba lista y preparada.

Al invierno no le temía, pues sus ropas siempre fueron dobles y termostáticas para guardar a los suyos, del frío y del calor de sus propias circunstancias. El verano nunca le atemorizó; sabía cómo ventilar su casa, para proveer a los suyos suculentos refrigerios. Siempre se apoyó en la palabra, que compara al hijo de Dios con el árbol plantado junto a las corrientes de las aguas, que sus hojas no caen; Ese árbol siempre da frutos y todo lo que hace prospera. Ella supo caminar por La Palabra y sus cosechas fueron siempre ricas y saludables.

Sufriste mucho en la tierra, eso también lo sé, pero la esperanza de la gloria que te esperaba te hizo superar el dolor y esperar tu gozo. Me corregías fuertemente al extremo de lastimarme, muchas veces. Quizás lo hacías porque tenías miedo de verme coger caminos extraviados. Casi siempre desaprobaste mis planes, porque los tuyos eran más sabios; Me agarraste de la mano cuando siempre lo necesité. Nunca decías muchas palabras, pero transmitías un gran mensaje; No me acusabas, pero me presentabas delante de Dios quien me convencía de pecado, de justicia y de juicio. ¿No es esto ser virtuosa? Esa fue mi madre: Tierna, dulce, fuerte, perdonadora, firme, honesta, moralista y una gran administradora de los valores y virtudes del Señor.

No fuiste a una universidad para adquirir un título, sin embargo todo el que te conoció pondría a tus pies todos los títulos honoríficos del mundo. No sólo fuiste buena esposa, madre, abuela, amiga, hermana, sino que también fuiste una gran Samaritana, eso te elevó al pedestal de saber amar a tu prójimo.

Mi amigo lector, gracias por permitirme compartirla contigo. Mujeres como esa son la motivación para que Cartas que Sanan haga su trabajo de sanidad interior y nos convierta en mujeres y hombres de sobrada virtud, aquellos que agradan a Dios, a los suyos, y a toda la humanidad.

Capítulo 14: Rompamos los dardos del maligno...

Queridos lectores, siempre he pensado que no hay cosa más hermosa que tener una persona que se ocupe en ayudarnos en esas áreas que necesitamos ayuda. Estoy feliz de saber que en este momentito con ustedes, no soy su psicoterapeuta, soy simplemente alguien que les puede y quiere ayudar. Podría resultar un poco agotado quizás leer un capitulo muy intenso, pero te reto, te exhorto a que me sigas, que tomes el reto y sigas leyendo; Y no sólo quiero que leas, sino que también internalices, las instrucciones que siguen de inmediato, las cuales créanme, les ayudará a encender su cerebro de nuevo, si es que por el estrés, cansancio, ansiedad depresión u otras cosas han estado generando pensamientos tóxicos, negativos, o simplemente sienten que no están generando como debieran hacerlo emocionalmente.

¿Te sientes a veces que tu cerebro se ha apagado?

¿Te has sentido sin enfoque, sin aliento?

¿Hay patrones o hábitos en tu familia, en tu vida que no puedes romper?

Gracias a Dios estamos viviendo el tiempo del Reino de Dios. Ahora nosotros entendemos mejor que antes cómo nuestros pensamientos afectan nuestros cuerpos. Ahora sabemos cómo la ciencia, de acuerdo con la Biblia, acepta y enfatiza que nuestra mente puede ser renovada. También sabemos que los pensamientos tóxicos y emociones tóxicas pueden ser echados fuera del cerebro y encenderlos de nuevo.

Los pensamientos tóxicos son como veneno, pero la buena noticia es que podemos romper el patrón de ellos. Podemos comenzar a mejorar cada área de nuestras vidas, relaciones, de salud y de nuestro éxito.

Un pensamiento puede parecer no dañino, pero si éste es tóxico, sólo uno puede afectarnos física, emocional y espiritualmente.

Los pensamientos son medibles, son activos, crecen y cambian. Los pensamientos influencian cada decisión, palabra, acción y reacción física que nosotros hacemos.

Cada vez que tú piensas estás activando tu cerebro y tu cuerpo para bien o para mal, para salud o para enfermedad.

La doctora Caroline Leaf habla en su libro acerca de las emociones tóxicas y como sanarlas. De acuerdo a este libro existen doce áreas de pensamientos tóxicos: se le llama la docena sucia o negra, la cual puede ser dañina o venenosa, en tu mente y en tu cuerpo. Los pensamientos tóxicos no son sólo el resultado de un abuso o de un trauma. Estos afectan la gente en todas las edades, etapas, aún una pequeña irritación se convierte en algo tóxico y éstos necesitan ser eliminados o barridos.

Las áreas más comunes de nuestras vidas que son más afectadas por pensamientos enfermizos son:

Pensamientos tóxicos	Sueños tóxicos
Amor tóxico	
Emociones tóxicas	Semillas tóxicas
Toques tóxico	
Palabras tóxicas	Fe tóxica
Decisiones tóxicas	Salud tóxica
Agenda tóxica	

El resultado de pensamientos tóxicos se traduce en estrés en tu cuerpo. Estrés en términos globales lastima tu cuerpo, y tu mente en muchas formas, afecta el sistema inmunológico, causa problemas de corazón, y del sistema digestivo.

De un 80-95% de las enfermedades mentales y físicas son resultado de los pensamientos tóxicos.

Podemos romper ese patrón negativo de pensamiento e implementar el pensamiento de Dios, como dice el Señor.

Estamos equipados de manera espiritual para combatir o desintoxicar los pensamientos negativos y usar ese potencial   divino   que nos ha dado Dios, para el uso de ese cerebro.

Dios nos ha dado un mensaje de esperanza. Anteriormente la comunidad científica creía que un cerebro con ciertos danos no se podía reparar, pero Dios nos ha dado la capacidad de ser renovados y transformados por medio de la renovación de nuestros pensamientos... Leer Romanos 12:2

¿Qué es un pensamiento tóxico?

Pensamientos tóxicos son los pensamientos que causan emociones negativas. Ansiedad que es causada por bioquímicos que producen el estrés del cuerpo. Están escondidos en la mente como en las células del cuerpo.

Las áreas de pensamientos tóxicos. Estas causan danos serios por lo cual debemos eliminarlos.

Cada pensamiento positivo o negativo va por el mismo ciclo cuando éste está formándose.

Los pensamientos son básicamente impulsos eléctricos, química y neuronas. Parecen como un árbol con ramas, a medida que crecen, se esparcen y se hacen más fuertes en sus conexiones.

Cuando tú piensas, tus pensamientos son activados y producen tu actitud. La actitud es reflejada en secreciones químicas que son producidas o liberadas.

La actitud positiva: causa la secreción con la correcta cantidad de química que es necesaria.

La actitud negativa: distorsiona la cantidad de química en su fluir natural, desbalance químico

.

Las químicas son como señales del celular que transmiten la información de tu pensamiento en una realidad a tu cuerpo y a tu mente creando una emoción.

La combinación de pensamiento, emociones y actitudes impactan el cuerpo en una forma negativa o positiva.

Tan pronto reconocemos que los pensamientos impactan nuestras vidas negativamente o positivamente, tenemos dos opciones:

Podemos dejar los pensamientos convertirse en tóxicos o viceversa

Podemos desintoxicar nuestros pensamientos negativos que mejorarán de inmediato nuestra salud.

Deuteronomio. 30:19:" A los cielos y a la tierra llamo por testigos hoy contra vosotros, que os he puesto delante la vida y la muerte, la bendición y la maldición: escoge, pues, la vida, para vivas tú y tu descendencia".

Es probable que tu hayas venido experimentando lo efectos de todos tus pensamientos durante toda tu vida y no te hayas percatado de ello.

Ejemplo: ¿te has enfermado físicamente al mismo tiempo de una prueba o trauma?

Es posible que no lo hayas notado, que no conectes la situación o digas que es una coincidencia. Es casi seguro que es el resultado de un pensamiento tóxico que te haya enfermado.

Los pensamientos no sólo son científicamente medibles, también podemos medir el efecto de ellos en nuestro cuerpo.

Por cada memoria que tenemos, tenemos un tipo de emoción conectada a esa memoria.

Estas emociones son muy reales y conectan los pensamientos a las reacciones del cuerpo y la mente. Se les llama Psychosomatic Network. Pueden aparecer después de años que ha ocurrido el evento o la memoria.

Practiquemos:

Toma un minuto y piensa en algo malo, negativo, traumático que te ocurrió. A medida que piensas notarás cómo tus sentimientos van afectando tu cuerpo, porque los pensamientos producen emociones negativas.

Cuando decidimos pensamientos saludables y no tóxicos estamos reconstruyendo una nueva función en el cerebro y en todo el cuerpo de manera saludable.

Liberamos química en el cerebro que nos hace sentir bien, con paz, promueve nuestra salud, formación de memorias, y pensamientos profundos que alimentan nuestra inteligencia.

Estos pensamientos positivos fortalecen la cadena de reacciones positivas y liberan químicos como endorfina y serotonina de la farmacia natural del cerebro.

Bañados en este ambiente positivo, fluye la inteligencia y con ella la salud mental y física.

Felipe 4:8 :" Por los demás, hermanos, todo lo que es verdadero, todo lo honesto, todo lo justo, todo lo puro, todo lo amable, todo lo que es de buen nombre, si hay virtud alguna, si algo digno de alabanza, en esto PENSAD".

El chance o la oportunidad es tuya: Proverbios 23:7 "Porque cuál es su pensamiento en su corazón, tal es él". Tú puedes tomar total control de tu cuerpo y de tu mente. Es posible vivir sanos de cuerpo, alma y espíritu cuando tú aprendes a controlar tus pensamientos.

Cuando en tu sistema existe un desbalance químico tú produces: depresión, fobias, pánico, fatiga, cansancio, insomnio, ansiedad, confusión, falta de creatividad, dolor de cabeza, migraña,

Emociones tóxicas: emociones tóxicas y pensamientos tóxicos son una combinación natural. Cuando tú eliminas tus pensamientos tóxicos, las emociones tóxicas también desaparecen.

Si tu estilo de vida es tóxico, tú tienes memorias tóxicas construidas en tu sistema nervioso o de tu mente.

Capítulo 15: Tú puedes ser feliz ahora…

Amigo lector: es interesante para nosotros saber que en estos tiempos los problemas que antes parecían no tener solución, hoy se resuelven fácilmente. Permíteme reconocer al doctor Richard Carlson quien escribe en su libro: *"Ser feliz sin importar cómo"*, acerca de los principios de cómo ser feliz. Me identifiqué grandemente con esta obra escrita por él, ya que siempre tuve las mismas ideas y casi en el orden que las expresó. Esto de ser fácilmente feliz es para ti que lees, buscas, te documentas y escudriñas el porqué de las cosas. A continuación, te daré unos truquitos o enseñanza para que puedas implementar en cualquier experiencia del pasado que te marcó, lastimó, frustró, o te traumatizó. Te daré la enseñanza en forma estructurada para que puedas implementar de manera sencilla y funcional todos los pasos necesarios para que te liberes de las emociones neuróticas o de los pensamientos tóxicos.

La felicidad es algo que todos deseamos pero que pocos logran alcanzar. La felicidad se caracteriza por la presencia de sentimientos de:

- gratitud

- paz interior

- satisfacción

- afectos a nosotros mismos

- afectos a los demás.

Nuestro estado mental más natural y funcional es aquel donde predominan la satisfacción y la alegría. los obstáculos que nos impiden experimentar esos pensamientos positivos, de satisfacción y alegría, son procesos negativos, que hemos aprendido e inocentemente aceptado como necesarios y decimos: la vida es así…. si aprendemos ahora que es un error pensar así y retiramos los pensamientos negativos, dejaremos al descubierto los pensamientos positivos naturales y experimentaremos una vida más significativa y bella.

Esos pensamientos positivos no son emociones pasajeras que van y vienen con las circunstancias cambiantes, sino que son pensamientos que impregnan nuestras vidas y se convierten en parte de nosotros mismos.

Lograr ese estado mental: nos permite ser más alegres, menos arcaicos o preocupados, los problemas se resuelven más fácilmente, sentiremos que estamos más cerca de nuestra sabiduría y de nuestro sentido común. Nos tornaremos en: mejores críticos, menos susceptibles, menos defensivos, tomaremos mejores decisiones, nos comunicaremos con mayor eficacia. La mejor manera de dejar al descubierto los sentimientos positivos que están dentro de nosotros es reconociendo su origen.

Esos 5 pasos que estudiamos hoy serán una brújula o piloto que nos llevará a recuperar nuestro estado natural de serenidad; A ese estado le llamaremos funcionamiento psicológico sano, o simplemente, sentimiento de felicidad. Tenemos que protegernos de los pensamientos negativos.

Después de reconocer que tenemos emociones lastimadas, tenemos que sanarlas. Luego que sanamos ese pasado, ahora apliquemos los 5 pasos para ser felices.

Primer paso:

Pensamiento: nuestra capacidad de pensar crea nuestra experiencia psicológica y pensar es una función voluntaria.

Segundo paso:

Estados de ánimo: al comprender el hecho de que pensar es una función voluntaria, que fluctúa de un momento a otro, a estas variaciones se les llama estados de ánimo...

Tercer paso:

Experiencia psicológica personal: debido a que todos pensamos de una manera distinta, cada ser humano vive una realidad psicológica separada e individual.

Cuarto paso:

Sentimientos: nuestros sentimientos y emociones constituyen un mecanismo interno de retro-alimentación, que nos permite saber cómo estamos marchando desde el punto de vista psicológico; si bien o mal, si funcional o disfuncional.

Quinto paso:

Ahora: al aprender a enfocarnos en el momento presente, ahora, conscientes de nuestros sentimientos, lograremos vivir con máxima eficacia, sin permitir que los pensamientos negativos nos perturben. El momento presente es donde descubrimos la felicidad y la paz interior, y puede ser a h o r a.

Entender cómo funciona la mente, nos permite entrar en contacto con la felicidad. Ejemplo de cómo funciona la mente: cierra tus ojos ahora, relájate y regálate la oportunidad de sentirte bien, piensa que estás en el lugar perfecto (escoge ese lugar, playa, lago, mar, debajo de un árbol, regálate esa fantasía) escoge lo que te gusta hacer: (hablar con Dios, leer un buen libro, escuchar una hermosa música, escuchar o leer poemas, leer una carta o algo favorito), te estás sintiendo bien........,estás relajado, ahora piensa en algo que pasó que te preocupó, algo desagradable o estresante para ti, que haya pasado o está pendiente de hacer , puede ser del trabajo, oficina, familia, hijos, esposo, lo que sea, algo que te disguste en gran manera, o que es bien difícil para ti; Ahora, cómo te sientes?... preocupado, confundido, estresado, a disgusto, amargado, deprimido, ansioso.....todo eso por la preocupación o disgusto que causó el pensar en aquello que no te agrada. Cambió tu bella fantasía en algo que te robó el gozo o tu estado de felicidad.

La felicidad: es un sentimiento espléndido que nos permite o capacita para lograr con libertad, gozar de nuestras vidas y de nuestras relaciones. Es un error querer resolver primero los problemas presentes para buscar ser felices. Siempre habrán obstáculos que impidan ese momento perfecto. Entendiendo estos 5 principios podremos modificar esas dinámicas y sentirnos felices inmediatamente.

Recuerde.......la felicidad, no está basada en la casa, trabajo, carrera, cuenta bancaria, status social, económico, político, es simplemente un bienestar interno que nos produce paz, gozo, quietud, tranquilidad. Todo lo que mencionamos ayuda y es bueno, pero no es eso lo que da la felicidad. Hay quienes tienen eso y mucho más, pero no son felices.

Más sobre cómo ser felices. Amigo lector, hago hincapié en esta enseñanza que me permito presentarte: todos desean ser felices, pero pocos logran esa felicidad. No podemos esperar a resolver los problemas del presente para lograr la felicidad, tenemos que descubrirla ahora, y de eso se trata. Pensemos por un momento: ¿Por qué se matan los ricos, famosos, exitosos, los que alcanzan la fama de grandes nombres?

Cuando no veamos todo negativamente, podremos recurrir a nuestra sabiduría, al sentido común y así encontrar soluciones para aquellas cosas que estaban ocultas bajo presiones internas y diálogos internos negativos que nos impedían ser felices.

Sentirnos satisfechos: es la base de una vida plena. Eso trae consigo buenas relaciones, satisfacción en el trabajo, habilidad en la crianza de los hijos, sabiduría y sentido común para enfrentar la vida con éxito y donaire. Sin esas cosas buenas, la vida se convierte en un campo de batalla.

El sentimiento de felicidad es algo que perdura. No es algo que fluctúa, o que debemos esperar a lograr a través de tal o cual amor, trabajo, relación, sino que reconozcamos cómo estamos ahora y que podamos recurrir a ese sentimiento positivo natural para renunciar o cancelar los pensamientos negativos, disfuncionales.

La clave de la felicidad es tu mente: la mente nos presenta dos servicios básicos. Es como una computadora 1- La caja fuerte almacena información y experiencia. 2- un transmisor de sabiduría y sentido común. La número uno analiza, compara, relaciona. La número dos es la fuente de la sabiduría y satisfacción, es el elemento transmisor de nuestra mente y no el computador.

Las respuestas nuevas y creativas no proceden de lo que el computador ya sabe, sino de un cambio de actitud, de ver la vida de manera diferente, de la manera más desconocida de nosotros mismos. Ejemplo: la mujer que perdió las llaves.....ella piensa, se preocupa pensando dónde están, no lo recuerda es el elemento computador. Deja de pensar en las llaves, se pone a mirar por la ventana, disfruta el paisaje, viene de repente a su cabeza y recuerda donde las puso. Ella obtuvo la respuesta cuando aclaró su mente, no cuando pensaba en exceso en sus llaves.

Seamos sabios, no pensemos tanto en ese pasado negativo que precipita los problemas mentales, dejemos de analizarlos y ser víctimas y empecemos a vivir vidas felices y saludables.

Hagamos distinción entre el pensamiento original (computador), y el pensamiento creativo. El propósito de estos principios es que aprendamos a experimentar estado de ánimo agradable, cuando así ocurre, la persona entenderá que la felicidad es independientemente fuera de las circunstancias. No esperes resolver el problema para luego ser feliz. En cualquier momento nuestra mente puede trabajar a favor o en contra de nuestra felicidad.

El pensamiento: todo lo que logramos en la vida o dejamos de lograr es resultado directo de nuestros pensamientos. Los seres humanos somos seres pensantes. En nuestra estructura psicóloga comprender la naturaleza del pensamiento psicológico, es la base para lograr una vida feliz. Pensar es una habilidad, una función del ser humano.

Relación entre pensamiento y sentimiento.

- todo sentimiento negativo o positivo es el resultado directo del pensamiento.

- es imposible sentir celos sin tener pensamientos de celos.

- es imposible sentir tristeza sin antes tener pensamientos de tristeza.

111

- es imposible sentir amor sin antes tener pensamientos de amor por alguna persona.

William James, el padre de la psicología americana dijo: "El pensamiento es el gran creador de nuestra experiencia".

Pensar es una capacidad, no una realidad. Podemos empezar a desechar esos pensamientos negativos que cruzan por nuestras mentes. Cuando abrigamos pensamientos negativos por mucho tiempo, empezamos a tener sentimientos negativos.

- si piensas que tus pensamientos son una realidad, estás cometiendo un error.

- los pensamientos son solo pensamientos.

Sistemas de pensamientos

Los pensamientos pasados se agrupan en nuestras mentes y forman un sistema de pensamientos. Cada reacción o decisión que tengamos estará basada en esa fuente pasada de nuestro sistema de pensamiento.

Como ese sistema está basado en los recuerdos, lo que ocurre ahora será asociado a lo que ha ocurrido siempre. Si interpretaste las cosas de manera negativa en el pasado ahora ocurrirá exactamente lo mismo.

Sistema de pensamiento

Dos ejemplos:

Pareja A: José y María

Pareja B: Juan y Rosa.

José se ofrece a llevar al niño al médico para ayudar a María, aunque él está muy ocupado en su trabajo. María le agradece su deseo, y ella decide llevarlo. Juan decide hacer lo mismo para ayudar a Rosa. Esta lo rechaza porque interpreta que su marido lo quiere hacer porque ella no es lo suficientemente capaz.

Moraleja o enseñanza de la pareja A: ella entiende correctamente el sistema de pensamiento.

Moraleja o enseñanza de la pareja B: ella todo interpreta de manera negativa.

Principios de los estados de ánimo ningún estado de ánimo se mantiene igual a lo largo de las horas, de los días o de las semanas. Todos experimentamos altos y bajos en las emociones. Cuando estamos de buen ánimo todo nos parece mejor y todas las cosas se pueden resolver. Todos tenemos estados de ánimo cambiante. Ejemplo: el paciente que viene al terapista porque tiene un problema con la pareja y quiere divorciarse. Días anteriores el paciente le había comunicado que era muy feliz con su pareja. ¿QUE PASÓ? Su estado de ánimo era bajo y veía todo de manera negativa. Todos experimentamos altos y bajos en nuestro sistema de pensamientos.

Otro ejemplo es el caso de Julia y sus padres, quienes le pusieron una niñera mientras ella crecía. Anterior a eso ella creía que sus padres eran malos y negligentes, los analizaba en su estado de pensamiento negativo; luego después analizó lo mismo y concluyó que sus padres eran los mejores y los más responsables, aquí su estado de pensamiento era el positivo o funcional...

No intentes resolver tus problemas cuando tu estado de ánimo es bajo o negativo, espera a cambiar tu actitud o estado de ánimo y todo será diferente.

Principio de las realidades separadas.

Todos pensamos de manera diferente. Si vamos de visita a otro país notaremos que sus habitantes hacen cosas diferentes a nosotros; pensamos que somos tan diferentes. Notamos que interpretan la vida diferente de nosotros. Entender ese principio nos ayudará a mejorar en nuestras relaciones con parejas, hijos, trabajos. Podrás entender que tú no puedes cambiar a otros, pero puedes cambiar tu mismo.

Cuando entendamos que todos tenemos una forma diferente de interpretar las cosas, podremos comprender que todos tenemos un saco de historias, valores y creencias que hemos interpretado y creemos que esa es nuestra realidad. Los demás creen que su verdad es absoluta, si podemos entender que interpretamos la vida de acuerdo a nuestro sistema de pensamientos y que no necesariamente representan la realidad, los demás se sentirán atraídos a nosotros .Por eso cuando no esperemos que los demás vean las cosas como las vemos, nosotros mismos, las rejas caerán, los corazones se abrirán y las relaciones mejorarán.

Sentimiento: Este principio nos permite entender con precisión cuando es funcional o disfuncional nuestro pensamiento. Cuando nuestro estado de pensamientos negativos no nos tiene atrapados, podemos pensar y sentir cosas positivas y buenas que nos hacen sentir contentos y felices. Podemos ver la vida sin preocupación, la concentración es mejor en todo lo que hacemos; De ese estado natural psicológico funcional es que salen los pensamientos creativos, la visión clara, el buen sentido, el sano juicio y la solución a los problemas.

Cuando la mente se torna negativa, depresiva, confundida, ansiosa, tenemos que dejar lo que estamos haciendo y aclararla, volver al estado del pensamiento positivo.

El principio psicológico funcional: no tiene nada de mágico o misterioso, está presente cuando no estamos atrapados en los pensamientos negativos. Los niños experimentan cambios rápidos de tristes a felices, enojados a contentos. No tenemos que irnos a una playa, lago, montana para experimentar la felicidad o el buen tiempo, puede ser ahí, y ahora. Hagamos los ajustes de lugar y volvamos al estado psicológico funcional.

Utilicemos el principio de los sentimientos como un instrumento de navegación que nos ayude a sanar y nos lleve de regreso a donde queremos estar. ¿Qué hacer cuando venga la depresión, tristeza, angustia? ¿Cómo podemos cambiar esas emociones? Simplemente déjalas tranquilas, no las alimentes, y ese estado de ánimo va a pasar.

La Biblia dice en el salmo 119:66: la sabiduría y el sentido común son el resultado de un estado emocional positivo que proviene de una mente serena y relajada.

- Cuando entendemos dónde se origina el estado emocional positivo y dejemos de creer que los pensamientos negativos ayudan, podremos fácilmente quedarnos en ese patrón de pensamiento funcional y anulamos y cancelamos el negativo o disfuncional.

- La felicidad está ya dentro de nosotros, pero se halla oculta, detrás del pensamiento negativo. Ha estado ahí atrapada toda la vida, tratando de fluir.

En vez de esperar a conseguir la ruta de alcanzar la felicidad, dejemos de pensar en todo lo que nos preocupa, nos enfada y deprime, y pensemos en algo bueno y positivo, esa es la ruta a la felicidad.

- si nuestra experiencia interna no es placentera, entonces somos nosotros mismos quienes estamos creando nuestra infelicidad.

Si has tenido una experiencia dolorosa al perder un ser amado que te ha llevado a la depresión, es tiempo ahora de que veas la vida de manera diferente. No sigas atrapado y cautivo por ese patrón de pensamientos negativos. Hoy mismo renuncia a esa cautividad mental que te enferma y deprime, dale gracias a Dios por haberte dado a esa persona que fue tan especial, que ya se fue, pero a quien admiraste y toda la vida agradecerás a Dios por ella. LET GO AND LET GOD. Si esa persona te pudiera hablar te diría:" Sed feliz, y permite a Dios obrar…".Nadie puede hacerlo por ti. Es tu separación de realidades, de cómo interpretas ese proceso, que no te deja libre.

Resumen: lo que debemos recordar de los 5 principios: pensamientos, estados de ánimo, realidades separadas, sentimientos y Ahora; no son los principios en sí sino la dirección que nos señalan. Estos principios nos enseñan a no pensar acerca de los problemas de la gente y nos guían a un lugar interior más tranquilo, a un sentimiento bien placentero y nos enseña que pensar es una función que se origina en nuestro interior. Todos funcionamos de la misma manera, por lo tanto, debemos ser más tolerantes.

Capítulo 16: Sé feliz contigo mismo...

En cuanto a las relaciones: toda relación comienza con nosotros mismos .cuando todos logramos en nuestro interior mantener un sentimiento positivo, le abrimos las puertas al respeto mutuo, a la comunicación sincera y a un verdadero sentido del amor.

Solución a los problemas: recordemos que las circunstancias no cambian, sólo cambia el estado de ánimo. Démonos una cita en el desván de nuestra mente, un sitio tranquilo donde fluye la sabiduría, y se desarrollan las ideas sin la interferencia de los pensamientos negativos.

La felicidad es un estado mental NO UN CONJUNTO DE CIRCUNSTANCIAS. Es un estado de serenidad que podemos experimentar siempre y no algo que debamos buscar. No está fuera de nosotros, sino dentro. Cuando aprendamos y empecemos a fluir con nuestro estado psicológico natural funcional, tendremos lugar y acceso a ese lugar de nuestro interior que se llama felicidad.

Más para sanar: por lo regular cuando se trata de una situación traumática, dolorosa, los valores, el autoestima, tu escala de valores se altera, se hace disfuncional y se puede reconocer que hay necesidad de recobrar, de sanar, de recuperar los valores. Por eso amigo lector, aquí Cartas que Sanan, se dispone a ayudarte, a motivarte a que recobres tus valores.

Recobra tus valores

- valórate a ti mismo/a

- trabaja en tu autoestima

- aprende a trazar límites saludables: una línea divisoria se mueve, una pared divisoria te encarcela.

Desarrolla buenos canales de comunicación evitando:

La ira, el enojo, rechazo, maledicencias, amargura, insulto, griterías, rabia….

Donde está tu mente está tu corazón en la boca del hombre está la vida y la muerte; habla vida para ti y los tuyos. Aprende a ser una mujer o un hombre virtuoso: Proverbios 31:10

Algunas cosas para mejorar tu autoestima

1- centra tu atención en tus cualidades positivas y tus éxitos.
2- aprende a decir no, no te dejes manejar por el manipulador.
3- haz caso omiso a las críticas destructivas acerca de tu persona.
4- aprende a mirar el lado bueno de tus errores.
5- acostúmbrate a ser feliz cada día.
6- recobra tu libertad y sed muy feliz.
7- dedícate tiempo sólo para ti cada día.
8- trata de ser un día 100% positivo.
9- pide perdón a Dios, perdón a los que te han ofendido y perdónate tu mismo.

10-llena tu mente y tu corazón de Dios, y habla de eso.

Aprendamos, amigo lector, lo importante es decir a tiempo "te quiero". A veces, cuando queremos decirlo ya es demasiado tarde.

Obtuve la siguiente información por medio del Internet, la cual te facilitaré textualmente.

Mi esposa me recomendó salir con otra mujer.

Después de varios años de matrimonio descubrí una nueva manera de mantener viva la chispa del amor. Desde hace poco tiempo había comenzado a salir con otra mujer, en realidad había sido idea de mi esposa: "Tu sabes que la amas" -me dijo un día, tomándome por sorpresa.
"La vida es muy corta, dedícale tiempo."
"Pero yo te amo a Ti" - protesté.
"Lo sé. Pero también la amas a Ella."

La otra mujer a quien mi esposa quería que yo visitara, era mi madre; Viuda desde hace unos años, pero las exigencias de mi trabajo y mis hijos hacían que sólo la visitara ocasionalmente. Esa noche la llamé para invitarla a cenar e ir al cine.

"¿Qué te ocurre? ¿Estás bien?" me preguntó. Mi madre es el tipo de mujer que una llamada tarde, de la noche o una invitación sorpresiva son indicios de malas noticias.

"Creí que sería agradable pasar algún tiempo Contigo", le respondí. "¡Los dos solitos"!........ ¿Qué opinas?

Reflexionó sobre ello un momento. "Me gustaría muchísimo", dijo.

Ese viernes mientras conducía para recogerla después de mi trabajo me encontraba nervioso, era el nerviosismo que antecede a una cita........

¡Y, Por Dios, cuando llegué a su casa, vi que ella también estaba muy emocionada! Me esperaba en la puerta con su viejo abrigo puesto, se había rizado el pelo y usaba el vestido con el que celebró su último aniversario de bodas, su rostro sonreía, irradiaba luz como un ángel.

"Les dije a mis amigas que iba a salir con mi hijo y se mostraron

muy emocionadas"- me comentó mientras subía a mi auto-

"No podrán esperar a mañana para escuchar acerca de nuestra velada".

Fuimos a un restaurante no muy elegante, pero sí muy acogedor, mi Madre se aferró a mi brazo como si fuera   "La Primera Dama de la Nación".

Cuando nos sentamos tuve que leerle el menú. Sus ojos sólo veían grandes figuras.

Cuando iba por la mitad de las entradas, levanté la vista; mi Mamá estaba sentada al otro lado de la mesa y sólo me miraba.

Una sonrisa nostálgica se le delineaba en los labios.

"Era Yo quien te leía el menú cuando eras pequeño ¿Recuerdas?"

"Entonces es hora de que te relajes y me permitas devolver el favor" -respondí.
Durante la cena tuvimos una agradable conversación, nada extraordinario, sólo ponernos al día uno con la vida del otro.
Hablamos tanto que nos perdimos el cine
"Saldré Contigo otra vez, pero sólo si me dejas invitar," dijo mi madre.
Cuando la llevé a su casa, la sentí,   la besé, la abracé, le dije cuanto la quería.
¿"Cómo estuvo la cita?" - quiso saber mi esposa cuando llegué aquella noche.
"Muy agradable, gracias, la miré complacido diciéndole, Mucho más de lo que imagine".
Días más tarde mi Madre murió de un infarto masivo, todo fue tan rápido, no pude hacer nada.

Al poco tiempo recibí un sobre del restaurante donde habíamos cenado mi Madre y Yo, contenía una nota que decía:
"La cena está pagada por anticipado, estaba casi segura que no podría estar allí, pero igual pagué para dos, para Ti y tu Esposa,….jamás podrás entender lo que aquella noche significó para Mi.
¡Te amo"!
Tu Mamá……
En ese momento comprendí la importancia de decir a tiempo "TE AMO" y   darles a nuestros   seres queridos el espacio que se merecen; Nada en la vida será más importante que Dios y tu Familia, dales

tiempo, porque ellos no pueden esperar.

CERRANDO CÍRCULOS

Siempre es preciso saber cuándo se acaba una etapa de la vida. Sí insistes en permanecer en ella más allá del tiempo necesario, pierdes la alegría y el sentido del resto. Cerrando círculos, o cerrando puertas, o cerrando capítulos, como quieras llamarlo.

Lo importante es poder cerrarlos, y dejar ir momentos de la vida que se van clausurando. ¿Terminó tu trabajo?, ¿Se acabó tu relación?, ¿Ya no vives más en esa casa?, ¿Debes irte de viaje?, ¿La relación se acabó? Puedes pasarte mucho tiempo de tu presente "revolcándote" en los porqués, en devolver el casete y tratar de entender por qué sucedió tal o cual hecho.

El desgaste va a ser infinito, porque en la vida, tú, yo, tu amigo, tus hijos, tus hermanos, todos y todas estamos encaminados hacia ir cerrando capítulos, ir dando vuelta a la hoja, a terminar con etapas, o con momentos de la vida y seguir adelante.

No podemos estar en el presente añorando el pasado. Ni siquiera preguntándonos porqué. Lo que sucedió, sucedió, y hay que soltarlo, hay que desprenderse.

No podemos ser niños eternos, ni adolescentes tardíos, ni empleados de empresas inexistentes, ni tener vínculos con quien no quiere estar vinculado a nosotros.

¡Los hechos pasan y hay que dejarlos ir! Por eso, a veces es tan importante destruir recuerdos, regalar presentes, cambiar de casa, romper papeles, tirar documentos, y vender o regalar libros.

Los cambios externos pueden simbolizar procesos interiores de superación. Dejar ir, soltar, desprenderse. En la vida nadie juega con las cartas marcadas, y hay que aprender a perder y a ganar. Hay que dejar ir, hay que dar vuelta a la hoja, hay que vivir sólo lo que tenemos en el presente.

El pasado ya pasó. No esperes que te lo devuelvan, no esperes que te reconozcan, no esperes que alguna vez se den cuenta de quién eres tú. Suelta el resentimiento. El prender "tu televisor personal" para darle y darle al asunto, lo único que consigue es dañarte mentalmente, envenenarte y amargarte.

La vida está para adelante, nunca para atrás. Si andas por la vida dejando "puertas abiertas", por si acaso, nunca podrás desprenderte ni vivir lo de hoy con satisfacción. ¿Noviazgos o amistades que no clausuran?, ¿Posibilidades de regresar? (¿a qué?), ¿Necesidad de aclaraciones?,

¿Palabras que no se dijeron?, ¿Silencios que lo invadieron?

Si puedes enfrentarlos ya y ahora, hazlo, si no, déjalos ir, cierra capítulos. Convéncete a ti mismo que no, que no vuelven. Pero no por orgullo ni soberbia, sino, porque tú ya no encajas allí en ese lugar, en ese corazón, en esa habitación, en esa casa, en esa oficina, en ese oficio.

Tú ya no eres el mismo que fuiste hace dos días, hace tres meses, hace un año. Por lo tanto, no hay nada a qué volver. Cierra la puerta, da vuelta a la hoja, cierra el círculo. Ni tú serás el mismo, ni el entorno al que regresas será igual, porque en la vida nada se queda quieto, nada es estático. Es salud mental, amor por ti mismo, desprender lo que ya no está en tu vida.

Recuerda que nada ni nadie es indispensable. Ni una persona, ni un lugar, ni un trabajo. Nada es vital para vivir porque cuando tú viniste a este mundo, llegaste sin ese adhesivo. Por lo tanto, es costumbre vivir pegado a él, y es un trabajo personal aprender a vivir sin él, sin el adhesivo humano o físico que hoy te duele dejar ir.

Es un proceso de aprender a desprenderse y, humanamente se puede lograr, porque te repito: nada ni nadie nos es indispensable. Sólo es costumbre, apego, necesidad.

Pero cierra, clausura, limpia, tira, oxigena, despréndete, sacúdete, suéltate.

Hay muchas palabras para significar salud mental y cualquiera que sea la que escojas, te ayudará definitivamente a seguir para adelante con tranquilidad.

¡ESA ES LA VIDA!

Consejos para mejorar tu autoconfianza

Mímate: Esto parece algo obvio pero no hay nada como una buena ducha y una afeitada para cambiar la forma del ver el día. Además de lo que hace por tu imagen y auto-confianza.

Vístete bien: Depende de la anterior. Vistiéndote bien te vas a ver presentable y listo para conquistar el mundo.

Diseña tu propia imagen: nuestra imagen significa mucho para nosotros mismos, hazte una imagen mental de cómo eres y así te sentirás. Si no te gusta esa imagen trata de cambiarla mentalmente a algo que te guste más y trata de hacer eso en la vida real y será mejor para tu autoestima.

Piensa positivo: Algo que puedes aprender es a remplazar pensamientos negativos por positivos. Uno puede cambiar su pensamiento y facilitar que pasen excelentes cosas.

Elimina los pensamientos negativos: Se relaciona con el anterior pero es tan importante que merece poner un punto especial. Tienes que estar consciente de cómo te hablas a ti mismo, tus pensamientos y acciones. Apenas veas algo negativo (no puedo hacer esto o es muy difícil tal cosa) elimínalo y cámbialo por algo positivo.

Conócete a ti mismo: Cuando se va a la batalla el más sabio general se preocupa de conocer al enemigo, no puedes vencer al enemigo sin conocerlo. Cuando estamos hablando de mejorar tu autoestima, el enemigo eres tú mismo. Conócete, escucha tus pensamientos.

Actúa positivo: Más que pensar positivo es ponerlo en acción, La acción es realmente la llave para la autoconfianza. Una cosa es aprender a pensar positivo, pero cuando actúas ya produces el cambio en ti mismo.

Se amable y generoso: Esta es una tremenda forma de mejorar la autoconfianza, ayudas a los demás y empiezas a internalizar y a sentirte bien contigo mismo, una forma tremenda de mejorar tu autoimagen y confianza.

Prepárate: Es difícil tener confianza sin esperar hacer bien las cosas. Pero para cambiar eso es necesario prepararse tanto como sea posible para saber qué podemos hacer las cosas que deseamos.

Conoce tus principios y vive según ellos: Si no sabes cuáles son tus principios te vas a sentir desorientado en la vida. Piensa acerca de ellos, todo el mundo tiene, quizás sea que hoy has pensado mucho en ellos. Ahora ve si puedes vivirlos, o quizá sólo los tienes en tu cabeza y no te es necesario, posible o factible vivir, según esos principios.

Habla lento: ¡Que cosa más simple! Pero puede tener una gran relevancia en los demás. Una persona con autoridad habla lento, muestra confianza.

Párate derecho: Esto funciona, acuérdate de pararte derecho, uno se siente mejor consigo mismo. Para saber cómo pararse derecho, figura que estas colgando de una cuerda amarrada a tu cabeza. Por otra parte la gente que se para derecho luce más atractiva(o)

Mejora tus competencias: ¿Cómo logras sentirte más competente? Pues mejorando tus competencias. ¿Cómo se hace eso? Pues estudiando y practicando, de a poco la idea no es estresarse y tampoco es necesario estresarse. Si quieres ser mejor escritor, no escribas un libro en un principio. Puedes empezar con un blog. Así puedes hacerlo para cualquier otra competencia que necesites.

Establece un reto pequeño y cúmplelo: La gente, a menudo, trata de hacer demasiado y cuando fracasan, se desmoralizan. Busca un objetivo que puedas cumplir, cúmplelo y busca otro. Mientras más objetivos cumplas, de este modo serás más efectivo en tus metas y te sentirás mejor, ya que logras cosas.

Cambia un hábito pequeño: no uno grande como dejar de fumar. Uno pequeño como empezar a escribir las cosas o tomarse un vaso de agua por la mañana. Cuando lo hayas logrado mantener durante un mes, te sentirás de maravilla.

Enfócate en soluciones: Si eres un quejón, o te enfocas en problemas, cambia tu foco. Si te enfocas en soluciones en vez de problemas es lo mejor que puedes hacer por ti y tu carrera. ¡Soy flojo y gordo! ¿Cómo puedo solucionarlo? Cuando vayas viendo formas de solucionar tus problemas y solucionarlos realmente, entonces te sentirás mejor con tu persona.

Sonríe: Automáticamente uno se siente mejor, y funciona con los demás en cadena.

Sé agradecido: Ser agradecido por lo que tienes en la vida y por lo que otros te han dado es a su vez gratificante, y positivo para tu autoimagen.

Ejercita: Para los que lo han hecho, durante algún tiempo el ejercicio te hace sentir muy bien acerca de ti mismo y de tus capacidades. Empieza simple, caminando o montando bicicleta.

Hazte poderoso con conocimiento: En general las estrategias de volverse poderoso son buenas para el autoestima. Si tú te vuelves poderoso con algunos conocimientos te van a servir para aplicarlos, y también para mejorar tus temas de conversación, ya que tienes algo más que contar.

Haz algo que hayas estado dejando para después: ¿Qué cosa tienes en tu lista "para hacer"? Hazla en la mañana y te sentirás liberado y muy feliz.

Ponte activo: Hacer algo es casi siempre mejor que no hacer nada. Si bien hacer cosas puede generar errores, estos son parte de la vida y del aprendizaje. Así que haz algo.

Trabaja en cosas pequeñas: Tratar de abarcar un proyecto enorme puede ser totalmente contraproducente y sentirte agobiado instantáneamente. Siempre divide las cosas en unidades más pequeñas manejable y con metas alcanzables y definidas, es vital para poder hacer cualquier proyecto grande.

Limpia tu escritorio: Esto relaja, ayuda a enfocarse y a iniciar todo de nuevo como de cero, sobre todo si siempre mantienes tu escritorio colapsado con cosas.

Capítulo 17: Cambia tu destino ahora…

El amor a ti mismo: algunas personas se liberan del abuso, pero no se aman a sí mismos. Amarse a si mismo es un arte que muchas personas ignoran. Queremos más para ti. La vida sin abusos es maravillosa, pero vivir sin abuso y con amor es fabuloso.

La idea de amarte a ti mismo puede sonar egoísta, o que quieres ser el centro de atracción, pero no es así. Cuando te amas a ti mismo, te cuidas, se enciende en ti una luz, que te alumbra a ti y a los que te rodean.
Cuando te amas a ti mismo y a tu propio bienestar, esto está ligado a los tuyos y a los que te rodean. El Señor dice:" Ama al prójimo como a ti mismo. Esto no ocurre en un instante, es un proceso, pero el tomar la decisión de amar puede empezar ahora mismo. Lo importante es tomar esa decisión de que empezarás a amarte como Dios manda, y a amar a los demás.

¿Qué es el bienestar? Es un proceso que dura toda la vida. Es una jornada que tú emprendes ahora y comienzas a ver los efectos, los resultados, el crecimiento, y un viaje eterno. Me anima tanto recordar lo que dijo El Señor: el terminará en nosotros la obra que empezó. Es una transformación que empieza a ocurrir en tu cuerpo, alma, mente y espíritu.

Es un balance extraordinario que se da en tu vida, tanto en los momentos de éxito como en los difíciles. Nos hace honrar primeramente a Dios, y entonces encontramos satisfacción en nosotros y en los demás. Es una electricidad espiritual que irradia e ilumina tu entorno y a los que te rodean. Es esa fuerza espiritual que nos ha dado El Señor, primeramente para que le honremos y luego para iluminarnos los unos con los otros. El amor de Dios hace en ti la diferencia.

El amor a ti te hace entender que tienes que amar tú, pero también debes recibir amor. Es algo recíproco que debe ser natural en nosotros. Ejemplo la madre que no se ama a si misma no puede decir que ama a sus hijos, puede sentir amor, pero un amor disfuncional. Cuando tú amas a otro por miedo, temor, intimidación, eso no es el amor correcto, esto se convierte en una pesadilla.

Hagamos un momento de silencio para que pienses: amo yo a
¿Mi compañero/a así?, ¿no merezco yo todas las cosas buenas que existen en el mundo? Tú eres hermosa/o, preciosa/o, Dios
te ha hecho así con sus manos. Si tu estas dispuesto/a, el perfecto amor y el bienestar puede ser tuyo. Permíteme instruirte. Tú naciste con un propósito en este mundo. Todo el potencial que necesitas está dentro de ti. Dios ya te lo dio, sólo tienes que descubrirlo y hacerlo crecer en ti. Es un torrencial de cosas buenas que hay dentro de ti esperando que tú le des la oportunidad al mismo Dios que en ti lo puso, para que se desarrolle en tu vida y puedas vivir una vida con propósito. Es como un banco interno dentro de ti. El Señor abrió esa cuenta a tu nombre y solo espera que la empieces a activar y te sorprenderás de lo hermoso que Dios ha depositado en tu interior.

¿Crees tú en el destino? Tú tienes en tus manos la llave que te llevará a lograr tu destino. Lo que estás haciendo ahora mismo, me dice a mí, lo que estas ahorrando para el futuro. LO QUE SIEMBRAS AHORA, COSECHARAS MANANA. El potencial que estás usando ahora, me dice a mí, lo que vas a recibir mañana.

Yo creo:

- solo puedo lograr algunas cosas en mi vida.
- soy inadecuado, no valgo tanto, no soy importante, no merezco ser amado.
- los demás tienen la culpa de lo que hago.
- no tengo poder para cambiar mi vida.
- soy culpable del mal que le pasa a los míos.
- el poder, el dinero, el tener control sobre otros, me hace feliz.
- el enojo, el coraje, es el tratamiento para vengarme.
- cuando otros hacen todo lo que quiero, eso me hace feliz.
- el dolor es mi destino, amor, paz y gozo, no me pertenecen.
- es muy tarde para yo cambiar.
- ya es inútil que intente cambiar.

Señales de no amarte como Dios manda

- le permites a otros decidir quién tu eres.
- regalas a los demás para ser aceptado.
- no estás seguro de quien eres.
- no sabes lo que quieres claramente.
- buscas la forma de agradar a los demás antes que a ti mismo.
- te conformas con sobrevivir en la vida.
- crees en las promesas del otro y te quedas en una relación enfermiza.
- no conoces tus propios sentimientos.
- te rindes a ser feliz a los demás y te olvidas de ti.

-sientes mucha ansiedad en tu vida.
-te sientes víctima de muchas cosas pero no puedes mejorar.
-padeces de mucho estrés, dolor de cabeza, temblores, llanto, inseguridad.
-no disfrutas el diario vivir.
-trabajas, te esfuerzas, pero sin gozo.
-tienes dificultad para las relaciones con otros.
-tienes problemas para aceptar regalos y piropos.
-tienes problemas al dar un regalo sin lacitos.
-tú impides que te lleguen las cosas buenas.
-te sientes a veces sin esperanza, sin valor.
-te sientes culpable cuando tienes que ser asertivo.
-tiendes a ser muy responsable, o muy irresponsable.
-tiendes a dar a otros antes que cuidarte a ti.
-no te sientes digno de ser amado, valorado, aceptado.
-sientes problemas al comunicar quién eres, o qué quieres.
-tiendes a quedarte en una relación que te lastima.

Cambia lo que te lastima:

Efectos de no amarte a ti mismo.
-acepta a tu lado el abuso y aceptas la negligencia.
-fácilmente te desanimas.
-tiendes a rechazar gente positiva, lugares buenos y cosas buenas.
-tienes problemas para perdonarte y perdonar a otros.
-te rindes a los demás aunque te lastimes.

-tienes falta de confianza al tomar decisiones.
-muchas veces te sientes confundida, sientes miedo.
-sales de un problema y te llegan otros.
-sientes la necesidad de ser perfecto.
-piensas que no tienes derechos en la vida.
-tiendes a escapar de dificultades con: impulsos, fantasías adicciones.
-no tienes claro cuáles son tus derechos con respecto a tus emociones.
-te criticas mucho y críticas a otros.
-confundes el amor con las emociones.
-el miedo te impulsa a exteriorizar cómo eres.
-se te escapan las oportunidades de sentir el verdadero amor.

Implementa lo siguiente:

Señales de amarte a ti mismo
-buscas formas saludables para conseguir lo que necesitas.
-te sientes feliz cuando logras tus éxitos.
-te apruebas a ti mismo cuando haces las cosas bien.
-amas y admiras a los que aman correctamente.
-reconoces que tu pareja tiene que dar pero también recibir.
-reconoces tus enojos, pero buscas vías salubres para manejarlo.
-reconoces que tienes cosas a lograr y tienes poder para escogerlas.
-reconoces cuando estás feliz o infeliz.
-entiendes la diferencia entre sembrar y cosechar.
-te sientes seguro al lado de personas en autoridad.

-escoges vías saludables para crecer como persona.
-sabes aceptar y perdonar tus errores.
-puedes expresar tus descontentos, sin herir a los demás.
-aceptas las consecuencias negativas y aprendes de ellas.
-tienes confianza en tu habilidad para aprender.
-tomas tiempo para descansar y cuidarte.
-amas y cultiva tu crecimiento espiritual.
-haces tus chequeos médicos y dentales regularmente.
-haces ejercicios regularmente.
-cuidas tu dieta con regularidad.

Si eres feliz...

-eres abierto a la creatividad.
-sabes manejar el miedo y el enojo efectivamente.
-buscas sentir la paz interna contigo y con los demás.
-eres una persona determinada y exitosa.
-tú respetas tus limitaciones y las de los demás.
-tus esperanzas están basadas en la fe y la realidad.
-estás dispuesto a tomar riesgos con tal de crecer.
-reconoces cuando estás creciendo y puedes disfrutarlo.
-cada vez eres más honesto contigo y con los demás.
-cambias la actitud que no te deja crecer y escoges la saludable.
-te esfuerzas para lograr tus metas y aumentar tu potencial.

-te esfuerzas por ser humilde, feliz, generoso, armonioso, exitoso.

Te amas a ti mismo cuando trazas tus límites. Una forma de amarte es cuando sabes trazar un límite en lo que es saludable para ti. Esos límites son las cosas necesarias en una relación salubre y funcional.

Abuso es la violación de esas reglas. Límites débiles te pueden poner en una relación peligrosa. ¿Qué es un límite salubre? es una línea de separación en lo que tú eres y lo que no eres, en lo que quieres y lo que no quieres; tan pronto se viola esa regla, empieza el abuso. ¿Qué toleras y qué no toleras, qué quieres y qué no quieres? Esa regla o límite se compara con: con una reja que construyes alrededor de tu vida, con una puerta y una llave. Tú que estás a cargo de tu vida deja entrar a quién quieres y cierras a quién no quieres que entre en tu vida. ¿Cuál es la diferencia entre límite o una pared cómo límite?

- cuando los niños y adultos son abusados, en sus vidas se encierran miedos, dolor, angustias, y desconfianza. A menos que las victimas traten el abuso profesionalmente, siguen lastimados. Para protegerse, esas personas crean paredes protectoras que son cómo cárceles, se protegen del mal de afuera, pero siguen llenos de dolor, desconfianza y miedos. ¿Cuándo se remueven esas paredes? No es fácil remover las paredes, pero es fácil remover la línea o límite.

Aprendamos a remover esas paredes aunque nos duela. Dios sana nuestras dolencias y nos enseña línea de separación saludable para que crezcamos como personas y seamos exitosos. Aprende a trazar límites saludables para: tu cuerpo, alma, mente y espíritu.

Identifica tus heridas y sánalas

Todas las emociones tienden a enfermar al individuo si no son controladas. Todas las enfermedades emocionales tienen una causa inmediata (ahora) y una causa remota (pasada). La causa inmediata y la remota son las mismas, pero es necesario distinguir ambas para concentrarnos en aquella que curará la enfermedad emocional. Sabemos que la enfermedad emocional es causada por algo que ocurrió en la niñez, pero sabemos que concentrarnos en la causa remota, no nos ayudará a curarnos, por el contrario, nos enfermará más.

Acerca de ese daño de la niñez, no podemos hacer nada. Ya
Nos ocurrió y no podemos evitarlo, sólo producirá compasión por nosotros mismos, resentimientos, iras, rencor, dolor; decimos a veces: "no fue mi culpa, no puedo evitarlo, por eso soy como soy" Todo esto es completamente destructivo y nos hará sentir peor emocionalmente.

La causa remota ocurrida en la niñez. Forma o establece un patrón de sentimientos, pensamientos y actitudes, que se empeoran a medida que crezcamos. Hubo un tiempo en que estas cosas nos causaron tal dificultad que en realidad nos enfermaron.

- Cuando este estado de enfermedad es alcanzado, es entonces la causa inmediata la que nos está enfermando. No es un evento en particular que nos pasó en la niñez lo que ahora nos afecta; es el sentimiento como: odio, resentimiento, compasión, rechazo, miedo, temor, rencor etc. que allí ocurrió, fue creciendo poco a poco y llegó un momento donde la bomba estalló y somos diagnosticados como enfermos emocionalmente.

- reconozcamos que estas cosas que empezaron la niñez, distorsionó nuestro carácter que ahora nos causa problemas.

- Olvidemos lo que nos pasó en el pasado y concentrémonos en los sentimientos actuales y negativos, así podremos recuperarnos emocionalmente.

No podemos cambiar el pasado, pero si podemos cambiar el presente, así que trabajemos la causa i n m e d i a t a.

.

- Si usted acumula culpa, odio, rencor, resentimiento, rechazo, amargura, depresión, ansiedad, tristeza, usted estará enfermo emocionalmente. No importa cómo se apoderaron de usted estos sentimientos, la realidad es que ahí están y hay que eliminarlos en el nombre del Señor.

- Si una goma de su carro se desinfla, saber cómo sucedió no la arreglará. La explicación no es la cura.

Usted o el mecánico tendrán que trabajar para arreglar esa goma, es decir usted o el mecánico tendrán que trabajar en la causa inmediata.

Capítulo 18: Es tiempo de bendición...

Cuando el soplo de Dios remueve tus aguas internas ocurren cosas...

2 Pedro 1:3-4 "Cómo todas las cosas que pertenecen a la vida y a la piedad nos han sido dadas por su divino poder, mediante el conocimiento de aquel que nos llamó por su gloria y excelencia, por medio de las cuales nos ha dado preciosas y grandísimas promesas, para que por ellas llegaseis a ser participantes de su naturaleza divina, habiendo huido de la corrupción que hay en el mundo".

Proverbios 18:21 "La muerte y la vida están en el poder de la lengua y él que la ama, comerá del fruto de ella".

1Pedro 2:9 "Más vosotros sois linaje escogido, real sacerdocio, nación santa, pueblo adquirido por Dios. Vosotros que en otro tiempo no erais pueblo, pero ahora sois pueblo de Dios, que en otro tiempo no habíais alcanzado misericordia, pero ahora la habéis alcanzado".

El poder de Dios sopla sobre tu vida en estos momentos, remueve tus aguas internas y estancadas para producir ríos de agua viva.

Proverbios 23:7 "Porque cuál es su pensamiento en su corazón, tal es él.

Descubramos el secreto. Proverbios 4:5-7 "Adquiere sabiduría, adquiere inteligencia".

Descubre el deseo de Dios para ti. Él quiere que tengas éxito, que tengas abundancia

Posee la tierra. Atrévete a tomar posesión de todos tus pensamientos, el hombre es lo que piensa de sí. Santiago 3 habla sobre el dominio de la lengua. ¿La usas para bien o para mal?

Cuándo el soplo de Dios sopla sobre ti tendrás experiencias gloriosas. Hablemos de la S a m a r i t a n a...

-odiada por todo el pueblo

-todos se avergonzaban de ella

-necesitaba buscar su agua bien de mañana.

-siempre a la defensiva.

-justifica su religiosidad.

Dios crea una circunstancia para ella.

Remueve sus aguas estancadas.

Se abren los ojos del entendimiento.

Se siente desarmada.

Descubre sus mentiras y pecados ocultos.

Revela su necesidad.

Pide de esas aguas (ríos de agua viva).

Suelta su cántaro; tipo de cargas necesidad, pecado, confusión...

Va y busca libremente, contenta, plena, sin temores, miedos o acusaciones, libre, feliz.

Vengan, vengan conmigo, ustedes verán y recibirán...

Cuando el soplo de Dios toca tu vida ocurren cosas...

Las aguas están siendo removidas

Este estanque tenía la particularidad de que un ángel descendía de tiempo en tiempo y removía las aguas y el primero que descendía al estanque, quedaba sano de cualquier enfermedad que tuviese.

El paralitico de Betesda: 5 pórticos alrededor del pozo o estanque: había allí multitud de enfermos, cojos, ciegos, paralíticos. Había también un hombre enfermo por 38 años. Jesús lo vio y le dijo: ¿Quieres ser sano? "Señor, cada vez que el ángel desciende y remueve las aguas, otro se adelanta y baja primero y yo no he podido llegar..."

Jesús le dijo: "Levántate, toma tu lecho, y anda.... tus aguas están siendo removidas.... Levántate toma tu lecho y anda... levántate con unción de rey: 1Pedro 2:9 somos real sacerdocio. David venció a Goliat, mató osos y leones con sus manos, fue el más grande de los reyes en la tierra. Fue un pecador así como tú y yo, pero se arrepintió de corazón, buscó la presencia de Dios y se movió por su espíritu.

Josué: meditaba de día y de noche en la ley de Dios, Él le fortalecía, no temas ni desmayes, esfuérzate, sé valiente...y tendrás éxito.

Marcos 5:36 no temas; solamente cree.

1Pedro 1:13 ceñid los lomos de vuestro entendimiento

Nuestra lucha no es contra sangre ni carne.....no es Rosa, ni María, no es Pedro, ni es Juan......es el maligno, toma de víctima a los humanos para lastimarnos...

Romanos 12:2 "No os conforméis a este siglo, transformaos por la renovación de vuestro entendimiento....vistámonos de la mente de Cristo".

Implementa el poder de la lengua como agrada al Señor.

Ocúpate de tus asuntos.

Tú puedes cambiar el rumbo o curso de tu destino.

Ordénale a tu mañana, a tu día, a las montañas que se muevan.

Ordénale al universo que se active a tu favor, si crees te será hecho.

Romanos 8:19 Porque el anhelo ardiente de la creación es el aguardar la manifestación de los hijos de Dios...

Ayudemos al Señor en esa manifestación gloriosa, atrae, activa, concretiza, esas bendiciones, que ya nos fueron dadas por su divino poder. Pero no se han manifestado porque no hemos creído lo suficiente

"Tú tienes herencia en su naturaleza divina. Eso es sólo para los que creen"

Capítulo 19: Señor, quiero sanidad emocional...

Vamos a presentar 7 pasos que te ayudaran a lograr tu sanidad emocional.

Paso 1: *Libérate del pasado*

1- La palabra de Dios te guiará a liberarte del pasado a medida que la palabra se haga rema en tu vida.

2- La base del perdón: si yo no perdono, mi Corazón se torna duro y confundido, como el de la persona que me ofendió o abusó. El perdón conduce a la vida, falta de perdón es muerte lenta.

3- Perdonar al abusivo o abusador.
El antídoto contra el veneno no funciona muy bien si te vas a pasar tomando veneno.

4- Pedir perdón a Dios. Si te has enojado con Dios, o lo has culpado por algo que te pasó, si estás herido y culpaste al Señor, perdónate a ti mismo por haberte confundido.

Isaías 43:18-19 "No os acordéis de las cosas pasadas, ni traigas a la memoria las cosas antiguas. ¡He aquí que yo hago nueva todas las cosas, pronto saldrá a la luz, no las conoceréis!"

2 Corintios. 5:17 "Si alguno está en Cristo nueva criatura es, las cosas viejas pasaron, he aquí son todas hechas nuevas".

Efes. 4:31-32 "Quítense de vosotros toda amargura, enojo, ira, y maledicencia y toda malicia. Antes sed benignos unos con otros y perdonaos unos a otros así como Dios perdonó a vosotros".

1 Juan 2:10-11 "Él que ama a su hermano permanece en él y no hay tropiezo, él que no ama a su hermano está en tinieblas y anda y no sabe a dónde va, porque las tinieblas le han segado los ojos".

Paso 2:   *Vive en obediencia*

Si vives en obediencia al Señor tú podrás tomar total control de tus emociones.

Romanos 12:2 "No os conforméis a este mundo, sino transformaos por medio de la renovación de vuestro entendimiento, para que comprobéis cuál es la buena voluntad de Dios agradable y perfecta".

2 Corintios 10:5 "Derribando argumentos y toda altivez que se levanta contra el conocimiento de Dios, y llevando cautivo todo conocimiento a la obediencia a Cristo.

Efes. 4:17-18 "Y no andéis como los otros gentiles que andan en la voluntad de su mente, teniendo el entendimiento entenebrecido, ajenos a la voluntad de Dios....por la dureza que hay en sus corazones".

Romanos 8:6 "El ocuparse de la carne es muerte, el ocuparse del espíritu es vida y paz".

¿Cuál es tu estado mental?

- Mis pensamientos negativos me hacen sentir odio, rechazo, dudas, ira.
- Siento ansiedad, depresión, estrés
- Siento pensamientos negativos con frecuencia.
- Imágenes sexuales o de otra índole dominan mi mente.
- Me siento inmundo o enfermo.
- Siento falta de paz y reposo espiritual.
- Me desanimo fácilmente.

- Siento que no soy amado ni aceptado por otros.

Si has respondido que sí a algunas de las afirmaciones, estás viviendo en un tormento innecesario y es hora de hacerte cargo de tu mente y tus emociones.

- La mejor manera es controlando las influencias externas, tienes que cambiar tu entorno exterior.
- Tácticas de Guerra para que puedas vencer.
- Llena tu mente con la palabra de Dios.
- Lee libros cristianos de ayuda personal.
- Escucha música Cristiana en tu casa, carro.
- Súplete de películas, programas de tv cristiana.

Todo lo que entra en tu mente se convierte en parte tuya, para controlar tus emociones, tienes que controlar tu mente.

- Renuncia a lo oculto.
- Alíneate con un ganador.
- Lo oculto es real en su poder, pero errado en su fuente.

Isaías 47:13-14

Isaías 8:19

Lucas 10:19

Paso 3:   *Encuentra liberación*

La liberación es un proceso de llegar a ser todo lo que Dios quiere que seamos, ésta rompe todas las ataduras y esclavitudes de tu vida. La liberación te convierte en una persona diferente, pero feliz.

Salmo 91:15-16 "Me invocará y yo le responderé, con el estaré yo en la angustia, lo libraré, le glorificaré, le saciaré de larga vida, y le mostraré mi salvación".

Salmo 34:19 "Muchas son la aflicciones del justo, pero de todas ellas le librará Jehová".

Proverbios 28:26 "Él que confía en su propio corazón es necio, más él que camina en sabiduría será librado".

¿Puede un cristiano estar poseído por demonios? Si ya recibiste al Señor como tu Salvador, y eres lleno de su espíritu, entonces no puedes ser poseído por Satanás.

1 Juan 4:4 "Mayor es él que está con nosotros que él que está contra nosotros. Satanás puede tocar tu alma y oprimirla".

- Tu cuerpo es: la capa externa
- Tu alma: lo que piensas, las emociones: lo que sientes, tu voluntad; lo que haces.
- Satanás puede oprimir tu mente, tus emociones, afecta tu voluntad, puede atacar tu cuerpo, pero no puede tocar tu espíritu.
- Dios no invalida tu libre albedrío, tú decides lo que quieres sentir en tu vida.

¿Cuándo pueden los demonios oprimir a un creyente?

- Cuando ha desobedecido a Dios.
- Cuando existen emociones negativas por largo tiempo.
- Cuando se practica el ocultismo.
- Durante tragedias o traumas.
- En momentos de frustración o desilusión.
- Endureciendo el corazón a Dios.
- Abriendo puertas al enemigo por medio del pecado.
- Heredando una atadura espiritual. Éxodos 5.

Debemos llevar el hacha a la raíz familiar, cortar esos nexos y declarar que somos hechos hijos del nuevo pacto, y que somos hijos de nuestro padre celestial.

Paso 4: *Busca tu restauración total*

La madre, que se desesperaba al oír su hijo llorar, fue muy abusada de niña y sentía deseos de herir al niño pero….

Hay diferentes niveles de liberación. Esto no ocurre del todo al instante, pero vamos subiendo en niveles…

2 Corintios 1:9-10
Isaías 62:1
Salmo 118:5

Paso 5: *Recibe los regalos de Dios*

Jeremías 31:3-4 "Con amor eterno te he amado, por tanto, te prolongué mi misericordia, aún te edificaré, y serás edificado.
Juan 14:23 "Él que me ama, mi palabra guardará, y vendremos a él y haremos moradas con él". Romanos 8:35-39

Ejemplo: la niña que recibió su cajita de colores que tanto anhelaba, corrió a guardarla, no la abrió para ver lo hermoso que esta contenía. Nosotros tenemos a Jesús como nuestro mayor regalo.

- tenemos al Espíritu Santo quien nos fue otro segundo y mayor regalo, muchas veces o casi siempre no lo abrimos, no lo escudriñamos y por eso no recibimos múltiples regalos que Dios tiene para los que le aman.

El acto de apertura: Si te hacen un regalo que luce todo hermoso y sorprendente, lo guardas y no lo abres, la persona se sentirá triste y lastimado; así nuestro Padre nos ha dado los más grandes regalos de los cuales surgen todos los demás regalos del mundo. Recibe el regalo de la gracia, en todo problema o dificultad, Dios te da su gracia.

Efes. 2:8 "Por gracia sois salvo por medio de la fe y esto no es de vosotros, pues es don de Dios". 2 Corintios 12: 9 "Bástate mi gracia..." Mat. 5:7 "Bienaventurados los misericordiosos, pues ellos alcanzarán misericordia".

Las llaves del reino: Llave significa autoridad, poder, privilegio, acceso. Si tengo las llaves de mi carro y no lo enciendo no podrá prender, ni llevarme a donde necesito; el carro tiene un motor poderoso pero no funciona sin las llaves, no tengo poder para prenderlo, pero sí tengo acceso a ese recurso. Las llaves hacen la función de prender, pues ellas hacen liberar poder al motor del carro.

Aprendamos a recibir los dones de Dios. Mat 5:7 "Toda buena dádiva y todo don perfecto desciende de lo alto, del padre de las luces, en donde no hay mudanza ni sombra de variación". Efesios 4:7 "A cada uno de nosotros nos fue dada la gracia conforme a la medida del don de Dios".

Paso 6:   *Rechaza los escollos*

El caminar, actuar, sentir en contra de la voluntad de Dios es engaño. Satanás es un engañador y nos engaña cuando nos alineamos con él. Sólo la palabra de Dios nos lleva a la luz y nos hace salir de los escollos o caminos equivocados.

Efesios 4:26-27 "No te metas con el iracundo ni te acompañes con el hombre de enojos, ni des lugar al diablo".

Proverbios 29:22 "El hombre iracundo levanta contiendas y el furioso muchas veces peca".

Eclesiastés. 7:9 "No te apresures con tu espíritu a enojarte porque el enojo reposa en el seno de los necios".

Cuando se ha practicado un aborto, al primero que el enemigo engaña es a la madre para que justifique el hecho. Recuerda si lo has hecho y perdónate por el recuerdo que no has podido olvidar.

Rechaza: la ira, cuando culpaste a Dios por algo que te pasó, tal como el enojo, murmuración, chisme, perfeccionismo, rechazo, la envidia, el miedo, las fobias, depresión, ansiedad, complejos, rebeldía, autocompasión, victimización, pereza, suicidio, pobreza, conformismo...

Paso 7:   *Mantente firme*

Salmo 34:19 "Muchas son las aflicciones del justo pero de todas ellas le librará Jehová. El Señor prometió librarnos de todo mal".

Párate firme en lo que has creído.

Estas verdades son para los que creen. Mantente firme cuando el enemigo ataque.

Si tenemos nuestros ojos en Dios, iremos de gloria en gloria.

Aprende a conocer los ataques del enemigo para que puedas vencer.

Conoce bien a Dios para que entiendas su corazón

¿Qué debo hacer cuando el enemigo ataca?

- asegúrate de que invocas al Señor en cada área de tu vida.
- satúrate de la palabra de Dios.
- ora mucho.
- alaba al Señor en medio de las pruebas.
- pide al Señor que te revele si has desobedecido.
- ayunar y orar son llaves claves.
- descansa reposadamente en el Señor.

La salud mental o emocional es un proceso continuo de la dedicación a la realidad, cueste lo que cueste. (Simon & Schuster)

El Señor dice siete cosas acerca de ti:

-1 Juan 1:13 "Soy hijo de Él y mi herencia viene de Él".

-1 Corintios 2:9 "Tengo un propósito especial ordenado por Dios".

- Fui creada para ese propósito especial.

-Mat 28:20 "Nunca estoy solo, no soy desechado".

-Juan 15:19 "soy amado".

- Juan 15:19 "Soy un triunfador".

En resumen

Usted tendrá éxito en la escuela de su hijo, si logra lo siguiente:

- Mantenerse calmado.
- Enfocarse en lo positivo.
- Tener las metas claras.
- Escuche. Pregunte. Aclare.
- Mantener la reunión enfocada en cubrir las necesidades de su hijo.
- Ofrecer opciones de manera colaborativa:
  - Diga "Nosotros podemos..." en vez de "Usted tiene que..."
  - Diga "Sí, y..."en vez de "Sí, pero..."
- Pida el Sí. (logre acuerdos)

Capítulo 20: Comentario Final

El propósito amigos lectores fue desde un principio ofrecer consejos prácticos, estrategias o herramientas que puedan ser usadas en situaciones de pruebas, traumas, emociones lastimadas o cualquier tipo de situación emocional. Por otra parte quisiera explicar que al trabajar   en mis constantes conferencias con sanidad interior, emociones o pensamientos tóxicos, traumas del pasado, asuntos sin terminar etc.   Algunas destrezas te han sido facilitadas de acuerdo a cada experiencia en este libro.

Estas herramientas que fueron de gran utilidad, las he venido usando en mis continuas enseñanzas con un resultado muy positivo. Siempre he compartido públicamente que si El Señor me permitió experimentar momentos difíciles y salí triunfante, es primeramente por su gracia que es suficiente, y luego para que hoy, yo pudiera compartir estas enseñanzas contigo.

Yo que personalmente trabajo en el campo de la salud mental, entiendo que hay una población que sufre, llora, se aísla y tiende a deprimirse cuando no es entendida o simplemente cuando no hay quien les entienda. Pensando sobretodo en el pueblo de Dios, creyentes, que buscan estrategias para combatir sus guerras espirituales, es cuando nace también la inclinación a escribir *Cartas que Sanan* con las herramientas de lugar.

Una de las razones por la que dejé de pastorear, fue precisamente la razón expuesta anteriormente. La gente cristiana sufre fuertemente cuando en medio de un quebrantamiento no sabe qué hacer, simplemente porque se les escapa lo que enseña la Palabra: que debemos de tener por sumo gozo cuando pasamos por diversas pruebas porque el dolor presente no se compara con la gloria venidera que nos espera. Cuando el creyente sabe que tiene un proveedor de la salud mental motivándole a animarse en la prueba, a buscar lo positivo o provecho que hay en ella, ya no podrá caer en una depresión o crisis emocional. Ahora se siente no sólo apoyado y entendido, sino también guiado por alguien que domina profesionalmente el manejo de las emociones. De ahí el equilibrio que El Señor me ha permito encontrar, sabiendo que busco primero que su palabra sea implementada correctamente, y porque me interesa la salud emocional de todo ser humano.

¿Cuál ha sido el beneficio profesional al escribir este libro? Podría decir con mucha modestia que casi ninguno. En primer lugar para cuidar en grado extremo la ética profesional, me limité a hablar de casos personales, los cuales revelan parte de mi vida privada. En segundo lugar, quise limitarme a unas enseñanzas bien sencillas y prácticas que tienen su base máximamente en la Palabra de Dios, respetando las diferentes corrientes religiosas, ya que no sigo ninguna otra enseñanza que no sea la Sana Doctrina como lo enseña la Biblia. Por último, quise hacerlo con mucha prudencia espiritual, primero para solo seguir las instrucciones que me ha dado el Espíritu Santo y luego, para servir de motivación para aquellos que no han entrado a ser parte del Reino de Dios todavía. Permita Dios que al leer *Cartas que Sanan*, recibas inquietud del Señor, para saborear sanidad en tu cuerpo, alma y espíritu, y por añadidura la vida eterna, regalo gratuito de Dios para ti. El deseo de Dios es que nadie se pierda, sino que todos vengamos a la vida eterna.

Oración final, para sanar todas tus heridas del pasado y aún las presentes, y si este lenguaje es nuevo para ti, y si te decides a ser parte de los redimidos, podrás orar también esta oración y te aseguro que tu nombre será inscrito en el reino de los cielos y ¿sabes qué? Has pasado de muerte a vida, ahora eres hijo de Dios y si sigues su camino, puedes decir que ya eres eterno, ahora empieza tu transformación como nueva criatura.

Ora conmigo: *Señor Jesús, en este momento vengo delante de tu presencia a humillar mi cuerpo, mi alma, mi mente, mi espíritu, mi corazón y todo mi entorno. Humillo también mi pasado, mi presente, y aún mi futuro. Gracias, Padre Celestial, por Jesucristo y su sacrificio en la cruz del Calvario. Gracias por enviarnos al Consolador, al Espíritu Santo de la promesa y Él que convence de pecado, de justicia y de juicio. Te pido perdón, Jesús, por haber vivido mi vida sin ti, hundido en el pecado o por haber descuidado mi relación contigo, lo cual es también pecado. Te invito, amado Jesús, a que entres en mi vida, limpies mis pecados, borres mis rebeliones y me permitas vivir contigo desde ahora y hasta la eternidad. Amen.*

Made in the USA
Middletown, DE
04 September 2016